Ivan Koesjnir

Economie van Oost-Afrika

Serie "Economie in landen"

eerst gepubliceerd: 2021
laatst bijgewerkt: 2021-02-02

Ivan Koesjnir. Economie van Oost-Afrika. Serie "Economie in landen". - 2021. - 71 pages.

Dit boek over de economie van Oost-Afrika van de jaren 1970 tot de jaren 2010. Brongegevens uit UN Data.

Grootte. In de jaren 2010 was het bruto binnenlands product van Oost-Afrika gelijk aan US$314,4 miljard per jaar; de waarde van de landbouw was US$77,2 miljard; de waarde van de industrie was US$44,9 miljard.

Productiviteit. In de jaren 2010 bedroeg het bruto binnenlands product per hoofd van de bevolking $818,3, de waarde van de landbouw per hoofd $200,8, de waarde van de industrie per hoofd $116,9. Omdat de productiviteit minder gemiddeld onder het gemiddelde ligt, wordt de economie geclassificeerd als minst ontwikkeld.

Groei. In de jaren 2010 bedroeg de groei van het bruto binnenlands product 6,1%; de groei van de landbouw was 4,2%; de groei van de industrie was 5,4%.

Structuur. In de jaren 2010 omvatte de economie van Oost-Afrika: landbouw (26,5%), diensten (26,3%), industrie (15,4%), handel (15,1%), transport (8,4%) en constructie (8,3%).

Uitvoer en invoer. In de jaren 2010 was de invoer 57,8% hoger dan de uitvoer, de netto-invoer was gelijk aan 12,7% van het BBP.

Consumptie en reproductie. De houding van reproductie ten opzichte van de consumptie is beter dan het mondiale gemiddelde, dus het aandeel van het BBP in de wereld zal toenemen.

Serie "Economie in landen": parallel.page.link/nl

ISBN: 9798701847574

Inhoud

Part I. Grootte

	de jaren 2010
BBP	US$314,4 miljard
Het aandeel in de wereld	0,40%
Het aandeel in Afrika	13,6%

Hoofdstuk I. Bruto binnenlands product

Het BBP van Oost-Afrika steeg van US$34,1 miljard per jaar in de jaren 1970 tot US$314,4 miljard per jaar in de jaren 2010, dat wil zeggen met US$280,2 miljard of 9,2 keer. De verandering vond plaats op US$148,5 miljard als gevolg van een 1,9-voudige stijging van de prijzen, en ook op US$57,2 miljard als gevolg van een 1,5-voudige toename van de productiviteit , evenals op US$74,5 miljard als gevolg van de toename van de bevolking. De gemiddelde jaarlijkse groei van het BBP is 4,1%. De minimumwaarde van het BBP bedroeg US$19,5 miljard in 1970. De maximumwaarde van het bruto binnenlands product bedroeg US$408,0 miljard in 2019.

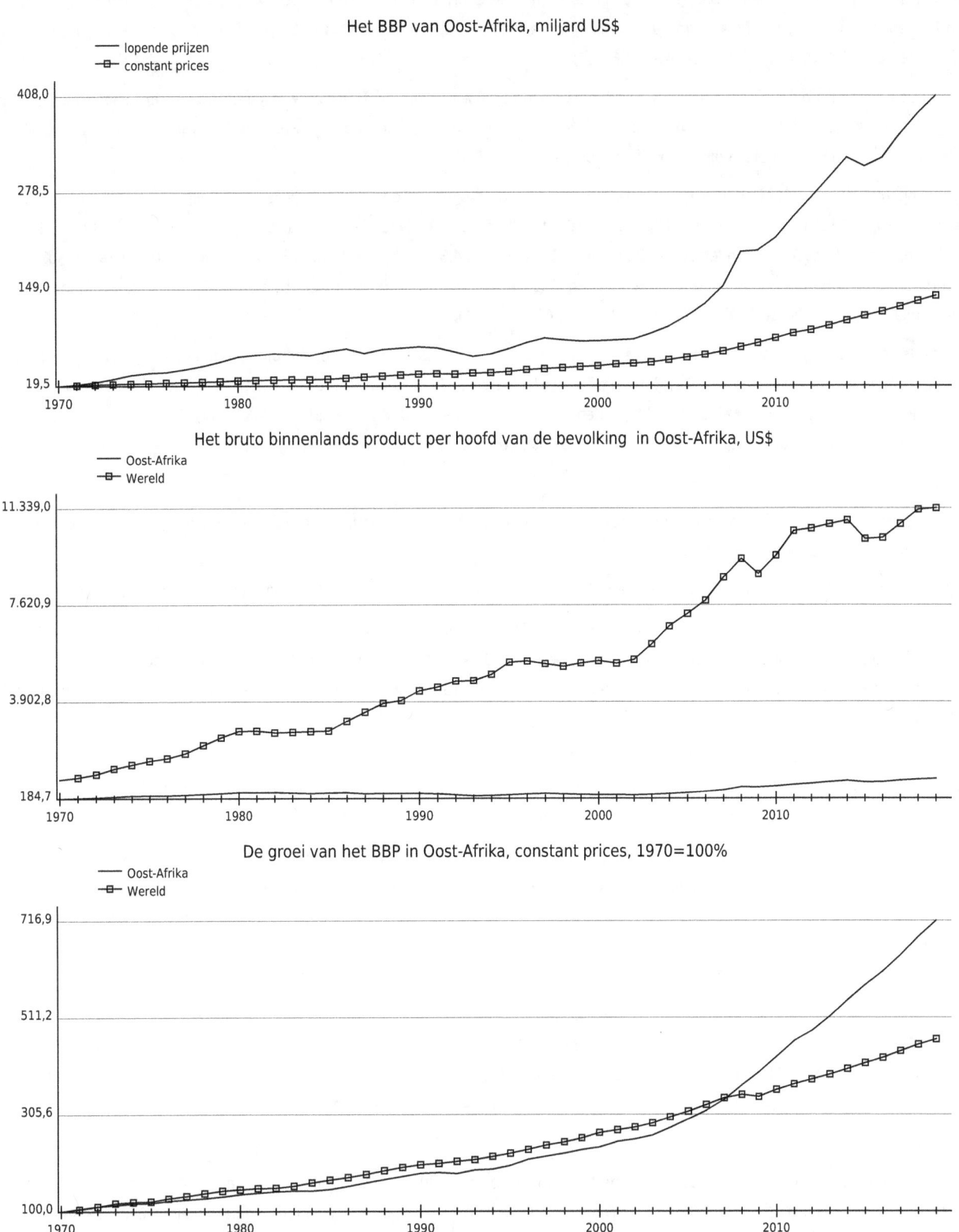

Het BBP van Oost-Afrika, miljard US$

Het bruto binnenlands product per hoofd van de bevolking in Oost-Afrika, US$

De groei van het BBP in Oost-Afrika, constant prices, 1970=100%

de jaren 1970

Het bruto binnenlands product van Oost-Afrika bedroeg in de jaren 1970 US$34,1 miljard per jaar, en was vergelijkbaar met Joegoslavië (US$33,7 miljard), Indonesië (US$33,7 miljard), de Caraïben (US$33,4 miljard). Het aandeel in de wereld was 0,52%, en 12,8% in Afrika.

Het bruto binnenlands product van Oost-Afrika bestond uit: huishoudelijke uitgaven (69,8%), overheidsuitgaven (20,1%) en kapitaalvorming (17,1%).

Het bruto binnenlands product per hoofd in Oost-Afrika was $282,8 in de jaren 1970s, en was vergelijkbaar met de Centraal-Afrikaanse Republiek (US$285,2), Sri Lanka (US$277,4). Het bruto binnenlands product per hoofd in Oost-Afrika was in 5,7 keer lager dan het bruto binnenlands product per hoofd van de bevolking in de wereld ($1.620,8), en was in 2,3 keer lager dan het bruto binnenlands product per hoofd van de bevolking in Afrika ($1.620,8).

De groei van het bruto binnenlands product in Oost-Afrika bedroeg 3% in de jaren 1970, en was vergelijkbaar met Laos (3,0%), Guinee (3,0%), Zuid-Afrika (3,0%). De groei van het BBP in Oost-Afrika (3,0%) was minder dan de groei van het BBP in de wereld (4,1%), was minder dan de groei van het bruto binnenlands product in Afrika (4,5%).

Vergelijking met subregio's. Het BBP van Oost-Afrika was groter dan in Centraal-Afrika (US$21,8 miljard); maar minder dan in West-Afrika (US$113,3 miljard), in Noord-Afrika (US$60,0 miljard) en in Zuidelijk Afrika (US$36,8 miljard). Het BBP per hoofd in Oost-Afrika was in Oost-Afrika minder dan in Zuidelijk Afrika (US$1.304,3), in West-Afrika (US$949,9), in Noord-Afrika (US$621,6) en in Centraal-Afrika (US$479,8). De groei van het BBP in Oost-Afrika was groter dan in Centraal-Afrika (1,5%); maar minder dan in Noord-Afrika (6,7%), in West-Afrika (5,0%) en in Zuidelijk Afrika (3,1%).

Leiders. Het bruto binnenlands product van Oost-Afrika in de jaren 1970 bestond uit: Mozambique (16,5%), Kenia (14,7%), Tanzania (13,3%), Zimbabwe (13,3%), Ethiopië (11,4%), en andere (30,8%). Het bruto binnenlands product per hoofd in Oost-Afrika onder de leiders: Zimbabwe ($732,8), Mozambique ($558,2), Kenia ($373,2), Tanzania ($290,6) en Ethiopië ($116,4). De groei van het BBP onder de leiders: Kenia (5,2%), Mozambique (3,9%), Tanzania (3,7%), Ethiopië (2,3%) en Zimbabwe (1,9%).

de jaren 1980

Het bruto binnenlands product van Oost-Afrika bedroeg in de jaren 1980 US$64,1 miljard per jaar, en was vergelijkbaar met Venezuela (US$62,8 miljard). Het aandeel in de wereld was 0,42%, en 11,9% in Afrika.

Het BBP van Oost-Afrika bestond uit: huishoudelijke uitgaven (71,3%), overheidsuitgaven (19,9%) en kapitaalvorming (15,8%).

Het bruto binnenlands product per hoofd in Oost-Afrika was $394,7 in de jaren 1980s, en was vergelijkbaar met Zuid-Azië (US$401,2). Het bruto binnenlands product per hoofd in Oost-Afrika was in 7,9 keer lager dan het bruto binnenlands product per hoofd van de bevolking in de wereld ($3.123,4), en was in 2,5 keer lager dan het bruto binnenlands product per hoofd van de bevolking in Afrika ($3.123,4).

De groei van het bruto binnenlands product in Oost-Afrika bedroeg 2.9% in de jaren 1980, en was vergelijkbaar met de FS van Micronesië (2,9%), Guinee (2,9%), Brazilië (2,9%). De groei van het bruto binnenlands product in Oost-Afrika (2,9%) was minder dan de groei van het BBP in de wereld (3,0%), was groter dan de groei van het bruto binnenlands product in Afrika (1,8%).

Vergelijking met subregio's. Het bruto binnenlands product van Oost-Afrika was groter dan in Centraal-Afrika (US$39,3 miljard); maar minder dan in West-Afrika (US$203,7 miljard), in Noord-Afrika (US$143,4 miljard) en in Zuidelijk Afrika (US$87,6 miljard). Het bruto binnenlands product per hoofd in Oost-Afrika was in Oost-Afrika minder dan in Zuidelijk Afrika (US$2,4 duizend), in West-Afrika (US$1.304,2), in Noord-Afrika (US$1.136,5) en in Centraal-Afrika (US$652,3). De groei van het BBP in Oost-Afrika was groter dan in Centraal-Afrika (2,4%), in Zuidelijk Afrika (2,4%), in Noord-Afrika (2,2%) en in West-Afrika (0,40%).

Leiders. Het bruto binnenlands product van Oost-Afrika in de jaren 1980 bestond uit: Kenia (16,3%), Zimbabwe (15,6%), Tanzania (13,8%), Ethiopië (13,3%), Mozambique (9,8%), en andere (31,2%). Het BBP per hoofd in Oost-Afrika onder de leiders: Zimbabwe ($1.142,3), Kenia ($535,2), Mozambique ($501,2), Tanzania ($414,2) en Ethiopië ($201,4). De groei van het bruto binnenlands product onder de leiders: Zimbabwe (4,7%), Kenia (4,4%), Tanzania (2,3%), Ethiopië (2,3%) en Mozambique (-0,18%).

de jaren 1990

Het bruto binnenlands product van Oost-Afrika bedroeg in de jaren 1990 US$71,8 miljard per jaar, en was vergelijkbaar met de Filipijnen (US$71,0 miljard), Singapore (US$72,7 miljard), Maleisië (US$73,5 miljard). Het aandeel in de wereld was 0,25%, en 12,2% in

Afrika.

Het bruto binnenlands product van Oost-Afrika bestond uit: huishoudelijke uitgaven (73,0%), kapitaalvorming (19,1%) en overheidsuitgaven (15,0%).

Het bruto binnenlands product per hoofd in Oost-Afrika was $332,4 in de jaren 1990s. Het BBP per hoofd in Oost-Afrika was in 15,1 keer lager dan het bruto binnenlands product per hoofd van de bevolking in de wereld ($5.020,1), en was in 2,5 keer lager dan het bruto binnenlands product per hoofd van de bevolking in Afrika ($5.020,1).

De groei van het BBP in Oost-Afrika bedroeg 2.8% in de jaren 1990, en was vergelijkbaar met de Wereld (2,8%), Tsjaad (2,9%). De groei van het BBP in Oost-Afrika (2,8%) was groter dan de groei van het BBP in de wereld (2,8%), was groter dan de groei van het bruto binnenlands product in Afrika (2,4%).

Vergelijking met subregio's. Het bruto binnenlands product van Oost-Afrika was groter dan in Centraal-Afrika (US$45,9 miljard); maar minder dan in Noord-Afrika (US$210,1 miljard), in Zuidelijk Afrika (US$150,1 miljard) en in West-Afrika (US$112,3 miljard). Het bruto binnenlands product per hoofd in Oost-Afrika was in Oost-Afrika minder dan in Zuidelijk Afrika (US$3,2 duizend), in Noord-Afrika (US$1.315,9), in Centraal-Afrika (US$558,2) en in West-Afrika (US$551,5). De groei van het bruto binnenlands product in Oost-Afrika was groter dan in West-Afrika (2,5%), in Zuidelijk Afrika (1,6%) en in Centraal-Afrika (-0,36%); maar minder dan in Noord-Afrika (3,3%).

Leiders. Het BBP van Oost-Afrika in de jaren 1990 bestond uit: Kenia (17,8%), Zimbabwe (16,0%), Ethiopië (12,3%), Tanzania (11,8%), Oeganda (8,1%), en andere (34,0%). Het bruto binnenlands product per hoofd in Oost-Afrika onder de leiders: Zimbabwe ($1.019,5), Kenia ($467,1), Tanzania ($290,7), Oeganda ($290,2) en Ethiopië ($157,0). De groei van het bruto binnenlands product onder de leiders: Oeganda (7,1%), Tanzania (4,3%), Kenia (2,2%), Zimbabwe (2,0%) en Ethiopië (1,5%).

de jaren 2000

Het BBP van Oost-Afrika bedroeg in de jaren 2000 US$122,4 miljard per jaar, en was vergelijkbaar met Chili (US$119,9 miljard). Het aandeel in de wereld was 0,26%, en 11,0% in Afrika.

Het bruto binnenlands product van Oost-Afrika bestond uit: huishoudelijke uitgaven (73,1%), kapitaalvorming (22,8%) en overheidsuitgaven (13,4%).

Het bruto binnenlands product per hoofd in Oost-Afrika was $428,9 in de jaren 2000s, en was vergelijkbaar met Guinee-Bissau (US$429,2). Het BBP per hoofd in Oost-Afrika was in 16,7 keer lager dan het bruto binnenlands product per hoofd van de bevolking in de wereld ($7.176,3), en was in 2,9 keer lager dan het bruto binnenlands product per hoofd van de bevolking in Afrika ($7.176,3).

De groei van het bruto binnenlands product in Oost-Afrika bedroeg 5.5% in de jaren 2000, en was vergelijkbaar met Panama (5,6%), de Turks- en Caicoseilanden (5,6%), Cuba (5,6%). De groei van het bruto binnenlands product in Oost-Afrika (5,5%) was groter dan de groei van het bruto binnenlands product in de wereld (3,0%), was groter dan de groei van het BBP in Afrika (5,1%).

Vergelijking met subregio's. Het BBP van Oost-Afrika was groter dan in Centraal-Afrika (US$100,3 miljard); maar minder dan in Noord-Afrika (US$386,0 miljard), in West-Afrika (US$267,1 miljard) en in Zuidelijk Afrika (US$238,1 miljard). Het bruto binnenlands product per hoofd in Oost-Afrika was in Oost-Afrika minder dan in Zuidelijk Afrika (US$4,4 duizend), in Noord-Afrika (US$2,0 duizend), in West-Afrika (US$1.007,0) en in Centraal-Afrika (US$904,8). De groei van het BBP in Oost-Afrika was groter dan in Noord-Afrika (4,9%) en in Zuidelijk Afrika (3,6%); maar minder dan in Centraal-Afrika (6,5%) en in West-Afrika (5,8%).

Leiders. Het bruto binnenlands product van Oost-Afrika in de jaren 2000 bestond uit: Kenia (19,0%), Tanzania (15,3%), Ethiopië (11,6%), Oeganda (9,3%), Zambia (7,5%), en andere (37,4%). Het BBP per hoofd in Oost-Afrika onder de leiders: Zambia ($778,2), Kenia ($640,5), Tanzania ($491,8), Oeganda ($417,3) en Ethiopië ($188,0). De groei van het bruto binnenlands product onder de leiders: Ethiopië (8,0%), Oeganda (7,5%), Zambia (6,8%), Tanzania (6,4%) en Kenia (3,6%).

de jaren 2010

Het bruto binnenlands product van Oost-Afrika bedroeg in de jaren 2010 US$314,4 miljard per jaar, en was vergelijkbaar met Singapore (US$315,0 miljard), Maleisië (US$317,4 miljard), Israël (US$309,3 miljard). Het aandeel in de wereld was 0,40%, en 13,6% in Afrika.

Het bruto binnenlands product van Oost-Afrika bestond uit: huishoudelijke uitgaven (72,2%), kapitaalvorming (27,7%) en overheidsuitgaven (13,1%).

Het bruto binnenlands product per hoofd in Oost-Afrika was $818,3 in de jaren 2010s, en was vergelijkbaar met Mali (US$815,6). Het BBP per hoofd in Oost-Afrika was in 13,0 keer lager dan het bruto binnenlands product per hoofd van de bevolking in de wereld ($10.603,1), en was in 2,4 keer lager dan het bruto binnenlands product per hoofd van de bevolking in Afrika ($10.603,1).

De groei van het bruto binnenlands product in Oost-Afrika bedroeg 6.1% in de jaren 2010, en was vergelijkbaar met Panama (6,2%). De groei van het BBP in Oost-Afrika (6,1%) was groter dan de groei van het BBP in de wereld (3,1%), was groter dan de groei van het bruto binnenlands product in Afrika (2,9%).

Vergelijking met subregio's. Het BBP van Oost-Afrika was 29,4% groter dan in Centraal-Afrika (US$243,0 miljard); maar 2,3 keer minder dan in Noord-Afrika (US$712,8 miljard), 2,1 keer minder dan in West-Afrika (US$648,7 miljard) en 20,1% minder dan in Zuidelijk Afrika (US$393,7 miljard). Het bruto binnenlands product per hoofd in Oost-Afrika was in Oost-Afrika7,7 keer minder dan in Zuidelijk Afrika (US$6,3 duizend), 3,9 keer minder dan in Noord-Afrika (US$3,2 duizend), 2,3 keer minder dan in West-Afrika (US$1.864,5) en 48,7% minder dan in Centraal-Afrika (US$1.595,9). De groei van het bruto binnenlands product in Oost-Afrika was groter dan in West-Afrika (3,6%), in Centraal-Afrika (2,8%), in Zuidelijk Afrika (1,9%) en in Noord-Afrika (1,6%).

Leiders. Het bruto binnenlands product van Oost-Afrika in de jaren 2010 bestond uit: Kenia (20,5%), Ethiopië (18,6%), Tanzania (15,3%), Oeganda (8,2%), Zambia (7,7%), en andere (29,7%). Het bruto binnenlands product per hoofd in Oost-Afrika onder de leiders: Zambia ($1.538,7), Kenia ($1.362,6), Tanzania ($946,0), Oeganda ($683,3) en Ethiopië ($587,0). De groei van het bruto binnenlands product onder de leiders: Ethiopië (9,8%), Tanzania (6,6%), Kenia (5,8%), Oeganda (5,4%) en Zambia (4,9%).

Hoofdstuk II. Toegevoegde waarde

De toegevoegde waarde van Oost-Afrika steeg van US$32,4 miljard per jaar in de jaren 1970 tot US$291,4 miljard per jaar in de jaren 2010, dat wil zeggen met US$259,1 miljard of 9,0 keer. De verandering vond plaats op US$138,0 miljard als gevolg van een 1,9-voudige stijging van de prijzen, en ook op US$50,4 miljard als gevolg van een 1,5-voudige toename van de productiviteit , evenals op US$70,6 miljard als gevolg van de toename van de bevolking. De gemiddelde jaarlijkse groei van de toegevoegde waarde is 4,1%. De minimumwaarde van de toegevoegde waarde bedroeg US$18,5 miljard in 1970. De maximumwaarde van de toegevoegde waarde bedroeg US$379,2 miljard in 2019.

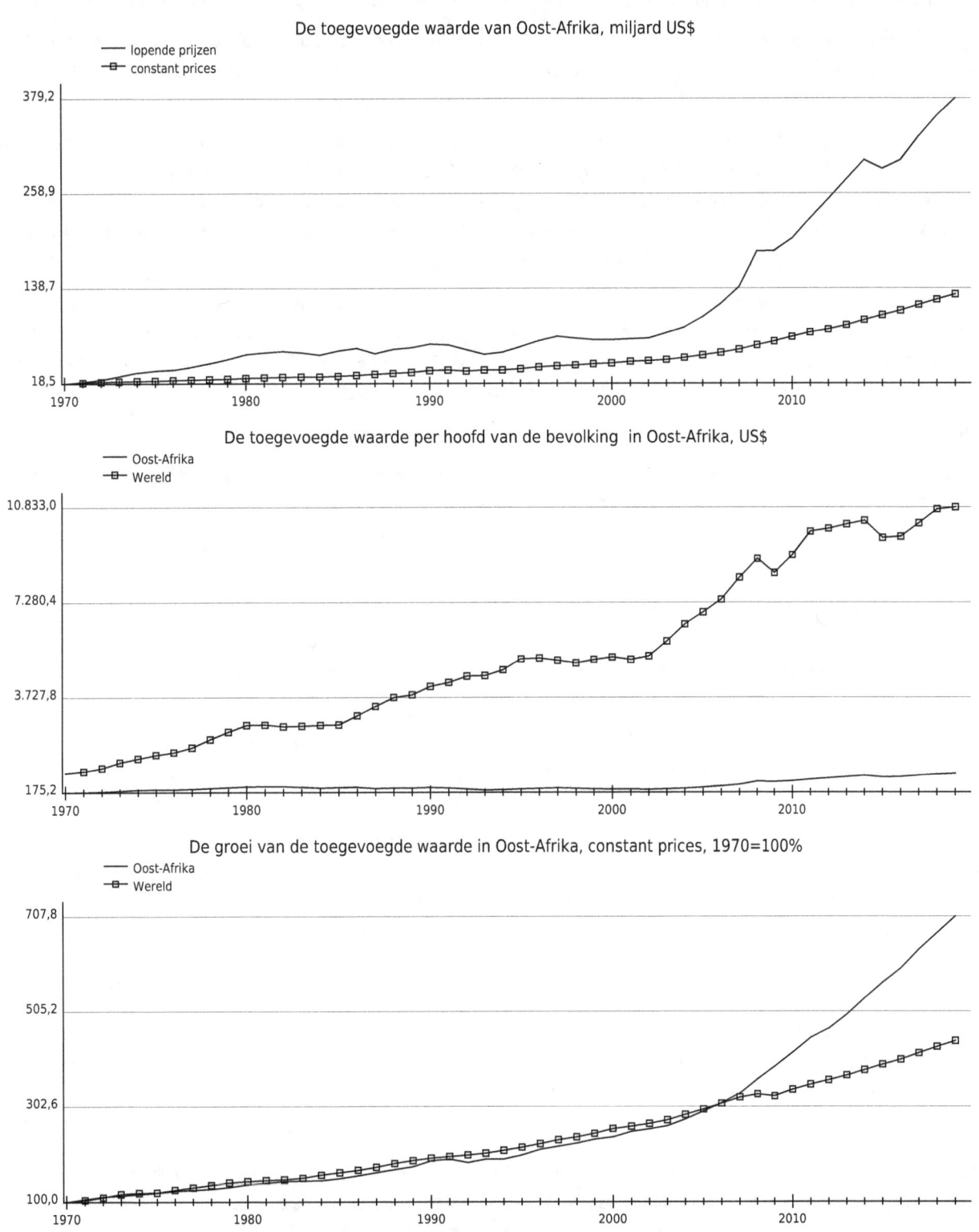

De toegevoegde waarde van Oost-Afrika, miljard US$

De toegevoegde waarde per hoofd van de bevolking in Oost-Afrika, US$

De groei van de toegevoegde waarde in Oost-Afrika, constant prices, 1970=100%

de jaren 1970

De toegevoegde waarde van Oost-Afrika bedroeg in de jaren 1970 US$32,4 miljard per jaar, en was vergelijkbaar met Zuid-Afrika (US$32,7 miljard). Het aandeel in de wereld was 0,51%, en 12,7% in Afrika.

De totale toegevoegde waarde van Oost-Afrika bestond uit: landbouw (32,2%), diensten (23,8%), industrie (21,1%), handel (12,6%), transport (6,6%) en constructie (3,8%).

De toegevoegde waarde per hoofd in Oost-Afrika was $268,1 in de jaren 1970s, en was vergelijkbaar met Tanzania (US$270,4). De toegevoegde waarde per hoofd in Oost-Afrika was in 5,8 keer lager dan de toegevoegde waarde per hoofd van de bevolking in de wereld ($1.564,4), en was in 2,3 keer lager dan de toegevoegde waarde per hoofd van de bevolking in Afrika ($1.564,4).

De groei van de toegevoegde waarde in Oost-Afrika bedroeg 3.1% in de jaren 1970, en was vergelijkbaar met Liechtenstein (3,0%), Melanesië (3,1%). De groei van de toegevoegde waarde in Oost-Afrika (3,1%) was minder dan de groei van de toegevoegde waarde in de wereld (3,9%), was minder dan de groei van de toegevoegde waarde in Afrika (4,9%).

Vergelijking met subregio's. De toegevoegde waarde van Oost-Afrika was groter dan in Centraal-Afrika (US$21,4 miljard); maar minder dan in West-Afrika (US$109,0 miljard), in Noord-Afrika (US$56,8 miljard) en in Zuidelijk Afrika (US$34,4 miljard). De toegevoegde waarde per hoofd in Oost-Afrika was in Oost-Afrika minder dan in Zuidelijk Afrika (US$1.220,6), in West-Afrika (US$914,0), in Noord-Afrika (US$588,7) en in Centraal-Afrika (US$470,6). De groei van de toegevoegde waarde in Oost-Afrika was groter dan in Zuidelijk Afrika (2,7%) en in Centraal-Afrika (1,4%); maar minder dan in Noord-Afrika (6,7%) en in West-Afrika (6,1%).

Leiders. De toegevoegde waarde van Oost-Afrika in de jaren 1970 bestond uit: Mozambique (16,0%), Kenia (15,1%), Zimbabwe (13,6%), Tanzania (13,1%), Ethiopië (11,0%), en andere (31,3%). De toegevoegde waarde per hoofd in Oost-Afrika onder de leiders: Zimbabwe ($707,2), Mozambique ($513,8), Kenia ($363,6), Tanzania ($270,4) en Ethiopië ($106,4). De groei van de toegevoegde waarde onder de leiders: Kenia (5,6%), Mozambique (3,9%), Tanzania (3,5%), Ethiopië (2,3%) en Zimbabwe (1,7%).

de jaren 1980

De toegevoegde waarde van Oost-Afrika bedroeg in de jaren 1980 US$58,7 miljard per jaar, en was vergelijkbaar met Griekenland (US$57,3 miljard). Het aandeel in de wereld was 0,40%, en 11,4% in Afrika.

De totale toegevoegde waarde van Oost-Afrika bestond uit: landbouw (31,7%), diensten (25,6%), industrie (18,9%), handel (13,9%), vervoer (6,6%) en constructie (3,2%).

De toegevoegde waarde per hoofd in Oost-Afrika was $361,3 in de jaren 1980s, en was vergelijkbaar met Haïti (US$364,0), Soedan (US$358,3), Zuid-Azië (US$366,2). De toegevoegde waarde per hoofd in Oost-Afrika was in 8,4 keer lager dan de toegevoegde waarde per hoofd van de bevolking in de wereld ($3.029,9), en was in 2,6 keer lager dan de toegevoegde waarde per hoofd van de bevolking in Afrika ($3.029,9).

De groei van de toegevoegde waarde in Oost-Afrika bedroeg 2.9% in de jaren 1980, en was vergelijkbaar met de Federale Staten van Micronesië (2,9%), Ecuador (2,9%), de Wereld (2,9%). De groei van de toegevoegde waarde in Oost-Afrika (2,9%) was minder dan de groei van de toegevoegde waarde in de wereld (2,9%), was groter dan de groei van de toegevoegde waarde in Afrika (1,2%).

Vergelijking met subregio's. De toegevoegde waarde van Oost-Afrika was groter dan in Centraal-Afrika (US$38,6 miljard); maar minder dan in West-Afrika (US$199,6 miljard), in Noord-Afrika (US$136,8 miljard) en in Zuidelijk Afrika (US$80,2 miljard). De toegevoegde waarde per hoofd in Oost-Afrika was in Oost-Afrika minder dan in Zuidelijk Afrika (US$2,2 duizend), in West-Afrika (US$1.278,1), in Noord-Afrika (US$1.084,0) en in Centraal-Afrika (US$640,6). De groei van de toegevoegde waarde in Oost-Afrika was groter dan in Zuidelijk Afrika (2,5%), in Centraal-Afrika (2,4%), in Noord-Afrika (1,4%) en in West-Afrika (-0,53%).

Leiders. De toegevoegde waarde van Oost-Afrika in de jaren 1980 bestond uit: Kenia (17,1%), Zimbabwe (15,9%), Tanzania (14,1%), Ethiopië (10,9%), Mozambique (10,2%), en andere (31,7%). De toegevoegde waarde per hoofd in Oost-Afrika onder de leiders: Zimbabwe ($1.067,8), Kenia ($511,7), Mozambique ($481,5), Tanzania ($387,6) en Ethiopië ($151,5). De groei van de toegevoegde waarde onder de leiders: Kenia (4,5%), Zimbabwe (3,4%), Ethiopië (2,5%), Tanzania (2,3%) en Mozambique (-0,44%).

de jaren 1990

De toegevoegde waarde van Oost-Afrika bedroeg in de jaren 1990 US$67,2 miljard per jaar, en was vergelijkbaar met Venezuela (US$66,9 miljard), Singapore (US$68,5 miljard). Het aandeel in de wereld was 0,25%, en 12,0% in Afrika.

De totale toegevoegde waarde van Oost-Afrika bestond uit: landbouw (30,6%), diensten (25,3%), industrie (17,1%), handel (16,1%), vervoer (7,4%) en bouw (3,6%).

De toegevoegde waarde per hoofd in Oost-Afrika was $311,3 in de jaren 1990s, en was vergelijkbaar met Burkina Faso (US$305,8), Bangladesh (US$304,2). De toegevoegde waarde per hoofd in Oost-Afrika was in 15,4 keer lager dan de toegevoegde waarde per hoofd van de bevolking in de wereld ($4.799,9), en was in 2,5 keer lager dan de toegevoegde waarde per hoofd van de bevolking in Afrika ($4.799,9).

De groei van de toegevoegde waarde in Oost-Afrika bedroeg 2.9% in de jaren 1990, en was vergelijkbaar met de Filipijnen (2,9%). De groei van de toegevoegde waarde in Oost-Afrika (2,9%) was groter dan de groei van de toegevoegde waarde in de wereld (2,7%), was groter dan de groei van de toegevoegde waarde in Afrika (2,3%).

Vergelijking met subregio's. De toegevoegde waarde van Oost-Afrika was groter dan in Centraal-Afrika (US$45,5 miljard); maar minder dan in Noord-Afrika (US$202,1 miljard), in Zuidelijk Afrika (US$137,2 miljard) en in West-Afrika (US$109,8 miljard). De toegevoegde waarde per hoofd in Oost-Afrika was in Oost-Afrika minder dan in Zuidelijk Afrika (US$2,9 duizend), in Noord-Afrika (US$1.265,9), in Centraal-Afrika (US$552,7) en in West-Afrika (US$539,3). De groei van de toegevoegde waarde in Oost-Afrika was groter dan in West-Afrika (2,5%), in Zuidelijk Afrika (1,5%) en in Centraal-Afrika (-0,78%); maar minder dan in Noord-Afrika (3,1%).

Leiders. De toegevoegde waarde van Oost-Afrika in de jaren 1990 bestond uit: Kenia (17,6%), Zimbabwe (16,2%), Ethiopië (12,5%), Tanzania (12,3%), Oeganda (8,1%), en andere (33,4%). De toegevoegde waarde per hoofd in Oost-Afrika onder de leiders: Zimbabwe ($967,7), Kenia ($431,0), Tanzania ($283,5), Oeganda ($270,4) en Ethiopië ($149,7). De groei van de toegevoegde waarde onder de leiders: Oeganda (6,6%), Tanzania (4,6%), Ethiopië (3,5%), Zimbabwe (2,6%) en Kenia (1,4%).

de jaren 2000

De toegevoegde waarde van Oost-Afrika bedroeg in de jaren 2000 US$112,9 miljard per jaar, en was vergelijkbaar met de Filipijnen (US$113,1 miljard). Het aandeel in de wereld was 0,25%, en 10,7% in Afrika.

De totale toegevoegde waarde van Oost-Afrika bestond uit: diensten (27,5%), landbouw (26,6%), industrie (16,5%), handel (15,0%), vervoer (8,8%) en constructie (5,5%).

De toegevoegde waarde per hoofd in Oost-Afrika was $395,5 in de jaren 2000s, en was vergelijkbaar met Oeganda (US$388,3). De toegevoegde waarde per hoofd in Oost-Afrika was in 17,2 keer lager dan de toegevoegde waarde per hoofd van de bevolking in de wereld ($6.818,0), en was in 2,9 keer lager dan de toegevoegde waarde per hoofd van de bevolking in Afrika ($6.818,0).

De groei van de toegevoegde waarde in Oost-Afrika bedroeg 5.2% in de jaren 2000, en was vergelijkbaar met Marokko (5,2%), Guyana (5,3%). De groei van de toegevoegde waarde in Oost-Afrika (5,2%) was groter dan de groei van de toegevoegde waarde in de wereld (2,9%), was groter dan de groei van de toegevoegde waarde in Afrika (4,9%).

Vergelijking met subregio's. De toegevoegde waarde van Oost-Afrika was groter dan in Centraal-Afrika (US$98,3 miljard); maar minder dan in Noord-Afrika (US$370,7 miljard), in West-Afrika (US$259,7 miljard) en in Zuidelijk Afrika (US$215,3 miljard). De toegevoegde waarde per hoofd in Oost-Afrika was in Oost-Afrika minder dan in Zuidelijk Afrika (US$4,0 duizend), in Noord-Afrika (US$1.947,7), in West-Afrika (US$979,0) en in Centraal-Afrika (US$886,2). De groei van de toegevoegde waarde in Oost-Afrika was groter dan in Noord-Afrika (4,6%) en in Zuidelijk Afrika (3,5%); maar minder dan in Centraal-Afrika (6,2%) en in West-Afrika (5,7%).

Leiders. De toegevoegde waarde van Oost-Afrika in de jaren 2000 bestond uit: Kenia (18,6%), Tanzania (15,5%), Ethiopië (11,8%), Oeganda (9,4%), Zambia (7,6%), en andere (37,0%). De toegevoegde waarde per hoofd in Oost-Afrika onder de leiders: Zambia ($733,9), Kenia ($579,5), Tanzania ($458,5), Oeganda ($388,3) en Ethiopië ($176,9). De groei van de toegevoegde waarde onder de leiders: Ethiopië (7,6%), Zambia (6,6%), Tanzania (6,3%), Oeganda (6,2%) en Kenia (3,1%).

de jaren 2010

De toegevoegde waarde van Oost-Afrika bedroeg in de jaren 2010 US$291,4 miljard per jaar, en was vergelijkbaar met Hongkong (US$291,7 miljard), Denemarken (US$289,9 miljard), Venezuela (US$286,1 miljard). Het aandeel in de wereld was 0,39%, en 13,2% in Afrika.

De totale toegevoegde waarde van Oost-Afrika bestond uit: landbouw (26,5%), diensten (26,3%), industrie (15,4%), handel (15,1%), transport (8,4%) en constructie (8,3%).

De toegevoegde waarde per hoofd in Oost-Afrika was $758,6 in de jaren 2010s, en was vergelijkbaar met Mali (US$758,1), Haïti (US$743,9). De toegevoegde waarde per hoofd in Oost-Afrika was in 13,3 keer lager dan de toegevoegde waarde per hoofd van de bevolking in de wereld ($10.094,6), en was in 2,5 keer lager dan de toegevoegde waarde per hoofd van de bevolking in Afrika ($10.094,6).

De groei van de toegevoegde waarde in Oost-Afrika bedroeg 6.2% in de jaren 2010, en was vergelijkbaar met Panama (6,2%). De groei van de toegevoegde waarde in Oost-Afrika (6,2%) was groter dan de groei van de toegevoegde waarde in de wereld (3,1%), was groter dan de groei van de toegevoegde waarde in Afrika (2,7%).

Vergelijking met subregio's. De toegevoegde waarde van Oost-Afrika was 22,7% groter dan in Centraal-Afrika (US$237,6 miljard); maar 2,4 keer minder dan in Noord-Afrika (US$691,4 miljard), 2,2 keer minder dan in West-Afrika (US$629,4 miljard) en 17,7% minder dan in Zuidelijk Afrika (US$354,1 miljard). De toegevoegde waarde per hoofd in Oost-Afrika was in Oost-Afrika7,5 keer minder dan in Zuidelijk Afrika (US$5,7 duizend), 4,1 keer minder dan in Noord-Afrika (US$3,1 duizend), 2,4 keer minder dan in West-Afrika (US$1.809,1) en 2,1 keer minder dan in Centraal-Afrika (US$1.560,1). De groei van de toegevoegde waarde in Oost-Afrika was groter dan in West-Afrika (3,2%), in Centraal-Afrika (2,9%), in Zuidelijk Afrika (1,9%) en in Noord-Afrika (1,3%).

Leiders. De toegevoegde waarde van Oost-Afrika in de jaren 2010 bestond uit: Kenia (20,6%), Ethiopië (18,8%), Tanzania (15,2%), Oeganda (8,2%), Zambia (7,8%), en andere (29,3%). De toegevoegde waarde per hoofd in Oost-Afrika onder de leiders: Zambia ($1.454,2), Kenia ($1.270,5), Tanzania ($871,6), Oeganda ($631,7) en Ethiopië ($550,6). De groei van de toegevoegde waarde onder de leiders: Ethiopië (10,1%), Tanzania (6,8%), Kenia (5,8%), Oeganda (5,7%) en Zambia (4,4%).

Hoofdstuk III. Bruto nationaal inkomen

Het bruto nationaal inkomen van Oost-Afrika steeg van US$33,2 miljard per jaar in de jaren 1970 tot US$310,7 miljard per jaar in de jaren 2010, dat wil zeggen met US$277,5 miljard of 9,4 keer. De verandering vond plaats op US$146,9 miljard als gevolg van een 1,9-voudige stijging van de prijzen, en ook op US$58,1 miljard als gevolg van een 1,5-voudige toename van de productiviteit , evenals op US$72,5 miljard als gevolg van de toename van de bevolking. De gemiddelde jaarlijkse groei van het bruto nationaal inkomen is 4,1%. De minimumwaarde van het BNI bedroeg US$19,2 miljard in 1970. De maximumwaarde van het BNI bedroeg US$400,7 miljard in 2019.

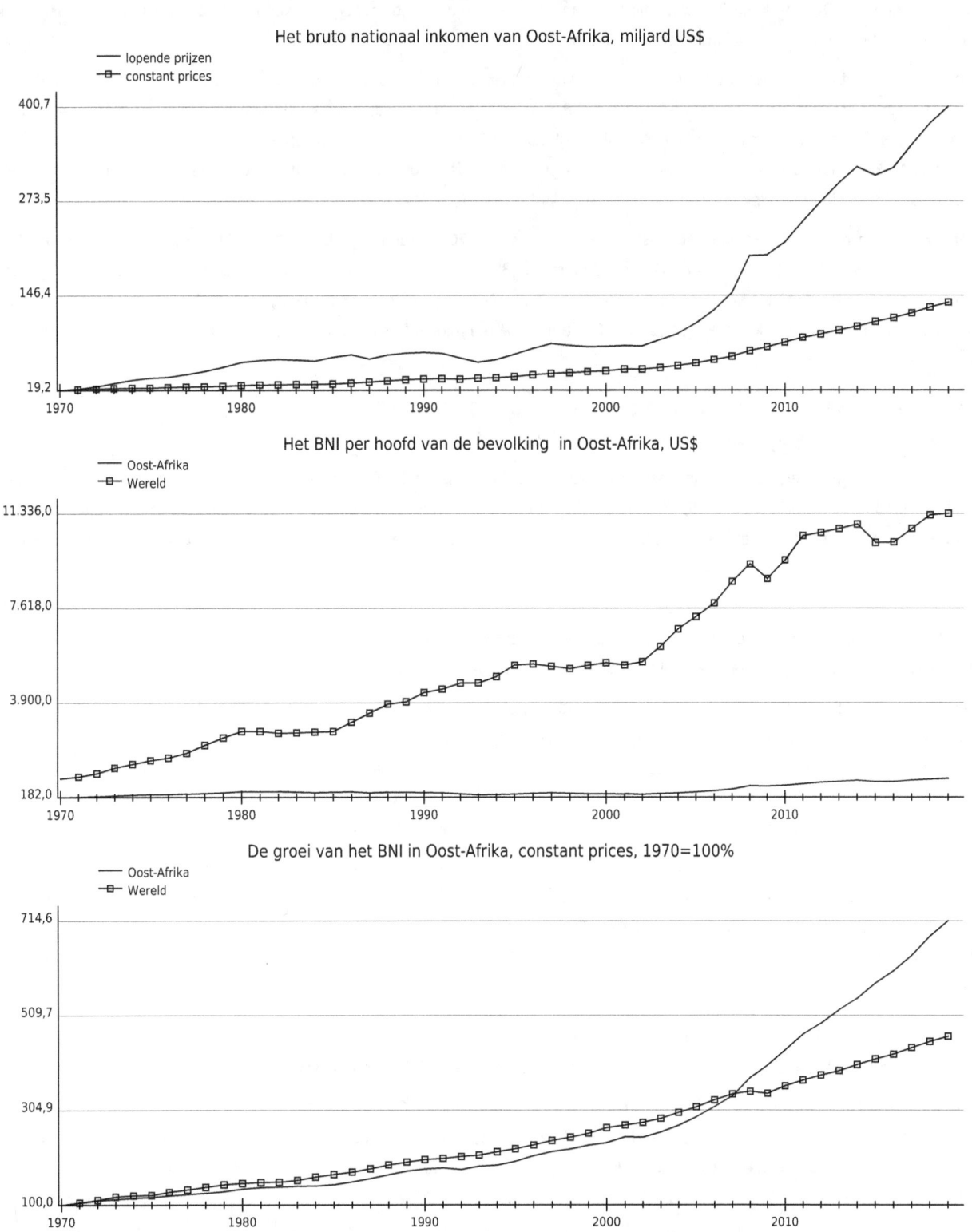

Het bruto nationaal inkomen van Oost-Afrika, miljard US$

Het BNI per hoofd van de bevolking in Oost-Afrika, US$

De groei van het BNI in Oost-Afrika, constant prices, 1970=100%

de jaren 1970

Het BNI van Oost-Afrika bedroeg in de jaren 1970 US$33,2 miljard per jaar, en was vergelijkbaar met Zuid-Afrika (US$33,2 miljard). Het aandeel in de wereld was 0,51%, en 12,8% in Afrika.

Het BNI per hoofd in Oost-Afrika was $275,2 in de jaren 1970s, en was vergelijkbaar met Sri Lanka (US$278,2), Lesotho (US$268,8), Togo (US$268,7). Het BNI per hoofd in Oost-Afrika was in 5,9 keer lager dan het bruto nationaal inkomen per hoofd van de bevolking in de wereld ($1.624,3), en was in 2,3 keer lager dan het bruto nationaal inkomen per hoofd van de bevolking in Afrika ($1.624,3).

De groei van het BNI in Oost-Afrika bedroeg 2.8% in de jaren 1970, en was vergelijkbaar met Micronesië (2,8%). De groei van het bruto nationaal inkomen in Oost-Afrika (2,8%) was minder dan de groei van het bruto nationaal inkomen in de wereld (4,1%), was minder dan de groei van het bruto nationaal inkomen in Afrika (4,7%).

Vergelijking met subregio's. Het BNI van Oost-Afrika was groter dan in Centraal-Afrika (US$21,1 miljard); maar minder dan in West-Afrika (US$111,9 miljard), in Noord-Afrika (US$58,5 miljard) en in Zuidelijk Afrika (US$34,9 miljard). Het BNI per hoofd in Oost-Afrika was in Oost-Afrika minder dan in Zuidelijk Afrika (US$1.235,7), in West-Afrika (US$938,0), in Noord-Afrika (US$605,9) en in Centraal-Afrika (US$463,7). De groei van het BNI in Oost-Afrika was groter dan in Centraal-Afrika (1,6%); maar minder dan in Noord-Afrika (7,0%), in West-Afrika (5,1%) en in Zuidelijk Afrika (3,1%).

Leiders. Het bruto nationaal inkomen van Oost-Afrika in de jaren 1970 bestond uit: Mozambique (16,5%), Kenia (14,5%), Tanzania (13,8%), Zimbabwe (13,4%), Ethiopië (11,6%), en andere (30,3%). Het BNI per hoofd in Oost-Afrika onder de leiders: Zimbabwe ($716,6), Mozambique ($541,8), Kenia ($358,1), Tanzania ($291,7) en Ethiopië ($115,8). De groei van het bruto nationaal inkomen onder de leiders: Kenia (5,2%), Mozambique (3,8%), Tanzania (3,7%), Ethiopië (2,4%) en Zimbabwe (1,9%).

de jaren 1980

Het bruto nationaal inkomen van Oost-Afrika bedroeg in de jaren 1980 US$62,0 miljard per jaar, en was vergelijkbaar met Venezuela (US$61,0 miljard). Het aandeel in de wereld was 0,41%, en 12,0% in Afrika.

Het bruto nationaal inkomen per hoofd in Oost-Afrika was $382,0 in de jaren 1980s, en was vergelijkbaar met de Centraal-Afrikaanse Republiek (US$382,1), Zambia (US$391,5). Het BNI per hoofd in Oost-Afrika was in 8,2 keer lager dan het bruto nationaal inkomen per hoofd van de bevolking in de wereld ($3.117,1), en was in 2,5 keer lager dan het bruto nationaal inkomen per hoofd van de bevolking in Afrika ($3.117,1).

De groei van het BNI in Oost-Afrika bedroeg 3% in de jaren 1980, en was vergelijkbaar met de Seychellen (3,0%), de Wereld (3,0%), IJsland (3,0%). De groei van het bruto nationaal inkomen in Oost-Afrika (3,0%) was groter dan de groei van het BNI in de wereld (3,0%), was groter dan de groei van het bruto nationaal inkomen in Afrika (1,6%).

Vergelijking met subregio's. Het BNI van Oost-Afrika was groter dan in Centraal-Afrika (US$37,5 miljard); maar minder dan in West-Afrika (US$197,0 miljard), in Noord-Afrika (US$139,3 miljard) en in Zuidelijk Afrika (US$83,1 miljard). Het bruto nationaal inkomen per hoofd in Oost-Afrika was in Oost-Afrika minder dan in Zuidelijk Afrika (US$2,3 duizend), in West-Afrika (US$1.261,1), in Noord-Afrika (US$1.103,8) en in Centraal-Afrika (US$621,8). De groei van het bruto nationaal inkomen in Oost-Afrika was groter dan in Zuidelijk Afrika (2,5%), in Centraal-Afrika (2,1%), in Noord-Afrika (2,1%) en in West-Afrika (-0,19%).

Leiders. Het bruto nationaal inkomen van Oost-Afrika in de jaren 1980 bestond uit: Kenia (16,3%), Zimbabwe (15,6%), Tanzania (14,1%), Ethiopië (13,9%), Mozambique (9,8%), en andere (30,3%). Het bruto nationaal inkomen per hoofd in Oost-Afrika onder de leiders: Zimbabwe ($1.109,6), Kenia ($516,2), Mozambique ($485,6), Tanzania ($409,6) en Ethiopië ($204,2). De groei van het BNI onder de leiders: Zimbabwe (4,7%), Kenia (4,4%), Ethiopië (3,1%), Tanzania (1,8%) en Mozambique (-0,43%).

de jaren 1990

Het bruto nationaal inkomen van Oost-Afrika bedroeg in de jaren 1990 US$69,8 miljard per jaar, en was vergelijkbaar met Maleisië (US$69,7 miljard), Pakistan (US$69,0 miljard). Het aandeel in de wereld was 0,25%, en 12,3% in Afrika.

Het bruto nationaal inkomen per hoofd in Oost-Afrika was $323,0 in de jaren 1990s, en was vergelijkbaar met Bangladesh (US$325,0), Burkina Faso (US$317,0). Het BNI per hoofd in Oost-Afrika was in 15,5 keer lager dan het bruto nationaal inkomen per hoofd van de bevolking in de wereld ($4.991,4), en was in 2,5 keer lager dan het bruto nationaal inkomen per hoofd van de bevolking in Afrika ($4.991,4).

De groei van het BNI in Oost-Afrika bedroeg 2.9% in de jaren 1990, en was vergelijkbaar met de Wereld (2,8%), Gambia (2,9%), Marokko (2,9%). De groei van het bruto nationaal inkomen in Oost-Afrika (2,9%) was groter dan de groei van het bruto nationaal inkomen in de wereld (2,8%), was groter dan de groei van het bruto nationaal inkomen in Afrika (2,5%).

Vergelijking met subregio's. Het BNI van Oost-Afrika was groter dan in Centraal-Afrika (US$39,6 miljard); maar minder dan in Noord-Afrika (US$206,0 miljard), in Zuidelijk Afrika (US$145,3 miljard) en in West-Afrika (US$105,8 miljard). Het bruto nationaal inkomen per hoofd in Oost-Afrika was in Oost-Afrika minder dan in Zuidelijk Afrika (US$3,1 duizend), in Noord-Afrika (US$1.289,8), in West-Afrika (US$519,6) en in Centraal-Afrika (US$481,8). De groei van het bruto nationaal inkomen in Oost-Afrika was groter dan in West-Afrika (2,7%), in Zuidelijk Afrika (1,7%) en in Centraal-Afrika (-0,91%); maar minder dan in Noord-Afrika (3,4%).

Leiders. Het bruto nationaal inkomen van Oost-Afrika in de jaren 1990 bestond uit: Kenia (17,7%), Zimbabwe (15,8%), Ethiopië (12,6%), Tanzania (11,8%), Oeganda (8,3%), en andere (33,9%). Het bruto nationaal inkomen per hoofd in Oost-Afrika onder de leiders: Zimbabwe ($977,4), Kenia ($450,5), Oeganda ($287,3), Tanzania ($283,2) en Ethiopië ($156,3). De groei van het bruto nationaal inkomen onder de leiders: Oeganda (7,2%), Tanzania (4,7%), Kenia (2,5%), Zimbabwe (1,9%) en Ethiopië (0,67%).

de jaren 2000

Het bruto nationaal inkomen van Oost-Afrika bedroeg in de jaren 2000 US$120,4 miljard per jaar. Het aandeel in de wereld was 0,26%, en 11,2% in Afrika.

Het bruto nationaal inkomen per hoofd in Oost-Afrika was $421,7 in de jaren 2000s, en was vergelijkbaar met Guinee-Bissau (US$421,6). Het BNI per hoofd in Oost-Afrika was in 17,0 keer lager dan het bruto nationaal inkomen per hoofd van de bevolking in de wereld ($7.165,2), en was in 2,8 keer lager dan het bruto nationaal inkomen per hoofd van de bevolking in Afrika ($7.165,2).

De groei van het BNI in Oost-Afrika bedroeg 5.8% in de jaren 2000, en was vergelijkbaar met Panama (5,8%). De groei van het bruto nationaal inkomen in Oost-Afrika (5,8%) was groter dan de groei van het BNI in de wereld (3,0%), was groter dan de groei van het bruto nationaal inkomen in Afrika (5,1%).

Vergelijking met subregio's. Het BNI van Oost-Afrika was groter dan in Centraal-Afrika (US$87,8 miljard); maar minder dan in Noord-Afrika (US$379,9 miljard), in West-Afrika (US$254,5 miljard) en in Zuidelijk Afrika (US$231,8 miljard). Het bruto nationaal inkomen per hoofd in Oost-Afrika was in Oost-Afrika minder dan in Zuidelijk Afrika (US$4,3 duizend), in Noord-Afrika (US$1.995,7), in West-Afrika (US$959,5) en in Centraal-Afrika (US$791,4). De groei van het BNI in Oost-Afrika was groter dan in West-Afrika (5,6%), in Noord-Afrika (4,9%) en in Zuidelijk Afrika (3,8%); maar minder dan in Centraal-Afrika (6,6%).

Leiders. Het BNI van Oost-Afrika in de jaren 2000 bestond uit: Kenia (19,2%), Tanzania (15,4%), Ethiopië (11,8%), Oeganda (9,3%), Zambia (7,1%), en andere (37,3%). Het bruto nationaal inkomen per hoofd in Oost-Afrika onder de leiders: Zambia ($725,6), Kenia ($637,2), Tanzania ($486,5), Oeganda ($408,3) en Ethiopië ($187,9). De groei van het BNI onder de leiders: Ethiopië (8,0%), Oeganda (7,3%), Zambia (7,0%), Tanzania (6,5%) en Kenia (3,7%).

de jaren 2010

Het BNI van Oost-Afrika bedroeg in de jaren 2010 US$310,7 miljard per jaar, en was vergelijkbaar met Hongkong (US$309,7 miljard), Maleisië (US$307,9 miljard), Israël (US$306,1 miljard). Het aandeel in de wereld was 0,40%, en 13,9% in Afrika.

Het bruto nationaal inkomen per hoofd in Oost-Afrika was $808,7 in de jaren 2010s, en was vergelijkbaar met Nepal (US$800,9), Mali (US$790,7). Het BNI per hoofd in Oost-Afrika was in 13,1 keer lager dan het bruto nationaal inkomen per hoofd van de bevolking in de wereld ($10.611,7), en was in 2,4 keer lager dan het bruto nationaal inkomen per hoofd van de bevolking in Afrika ($10.611,7).

De groei van het BNI in Oost-Afrika bedroeg 5.9% in de jaren 2010. De groei van het BNI in Oost-Afrika (5,9%) was groter dan de groei van het BNI in de wereld (3,1%), was groter dan de groei van het bruto nationaal inkomen in Afrika (2,9%).

Vergelijking met subregio's. Het BNI van Oost-Afrika was 37,5% groter dan in Centraal-Afrika (US$225,9 miljard); maar 2,2 keer minder dan in Noord-Afrika (US$698,9 miljard), 49,7% minder dan in West-Afrika (US$617,1 miljard) en 18,8% minder dan in Zuidelijk Afrika (US$382,7 miljard). Het BNI per hoofd in Oost-Afrika was in Oost-Afrika7,6 keer minder dan in Zuidelijk Afrika (US$6,1 duizend), 3,9 keer minder dan in Noord-Afrika (US$3,2 duizend), 2,2 keer minder dan in West-Afrika (US$1.773,8) en 45,5% minder dan in Centraal-Afrika (US$1.483,3). De groei van het bruto nationaal inkomen in Oost-Afrika was groter dan in West-Afrika (3,6%), in Centraal-Afrika (3,5%), in Zuidelijk Afrika (1,8%) en in Noord-Afrika (1,6%).

Leiders. Het bruto nationaal inkomen van Oost-Afrika in de jaren 2010 bestond uit: Kenia (20,5%), Ethiopië (18,7%), Tanzania (15,3%),

Oeganda (8,2%), Zambia (7,5%), en andere (29,9%). Het bruto nationaal inkomen per hoofd in Oost-Afrika onder de leiders: Zambia ($1.495,2), Kenia ($1.344,4), Tanzania ($931,2), Oeganda ($668,6) en Ethiopië ($583,6). De groei van het bruto nationaal inkomen onder de leiders: Ethiopië (9,7%), Tanzania (6,6%), Kenia (5,6%), Oeganda (5,2%) en Zambia (5,0%).

Part II. Structuur

	de jaren 2010
landbouw	26,5%
industrie	15,4%
constructie	8,3%
handel	15,1%
vervoer	8,4%
diensten	26,3%

Hoofdstuk IV. Landbouw

Landbouw, jacht, bosbouw, vissen (ISIC A-B)

De toegevoegde waarde van de landbouw in Oost-Afrika steeg van US$10,4 miljard per jaar in de jaren 1970 tot US$77,2 miljard per jaar in de jaren 2010, dat wil zeggen met US$66,7 miljard of 7,4 keer. De verandering vond plaats op US$43,6 miljard als gevolg van een 2,3-voudige stijging van de prijzen, en ook op US$380,6 miljoen als gevolg van een 1,0-voudige toename van de productiviteit , evenals op US$22,7 miljard als gevolg van de toename van de bevolking. De gemiddelde jaarlijkse groei van de landbouw is 3,0%. De minimumwaarde van de landbouw bedroeg US$6,2 miljard in 1970. De maximumwaarde van de landbouw bedroeg US$105,1 miljard in 2019.

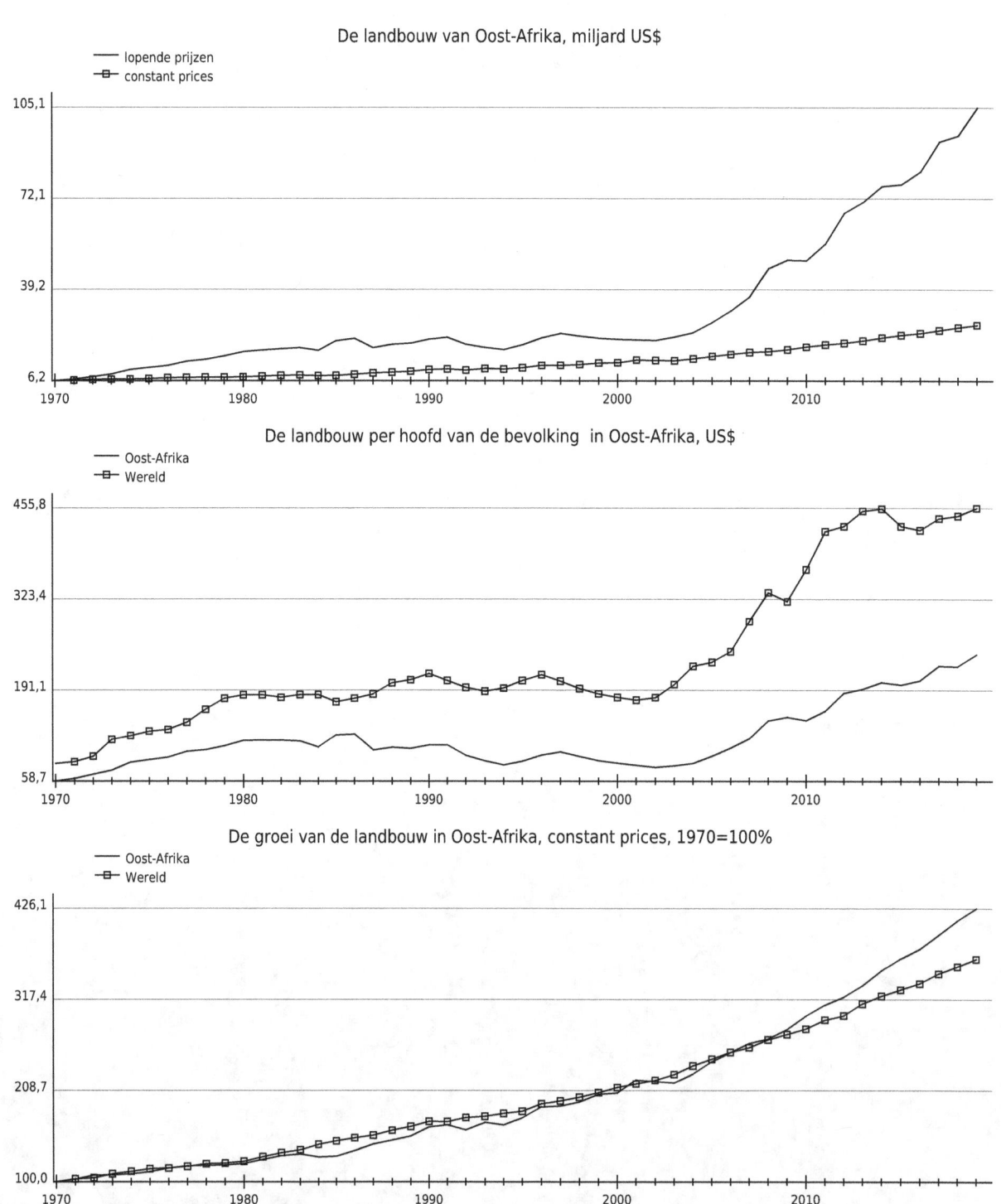

De landbouw van Oost-Afrika, miljard US$

De landbouw per hoofd van de bevolking in Oost-Afrika, US$

De groei van de landbouw in Oost-Afrika, constant prices, 1970=100%

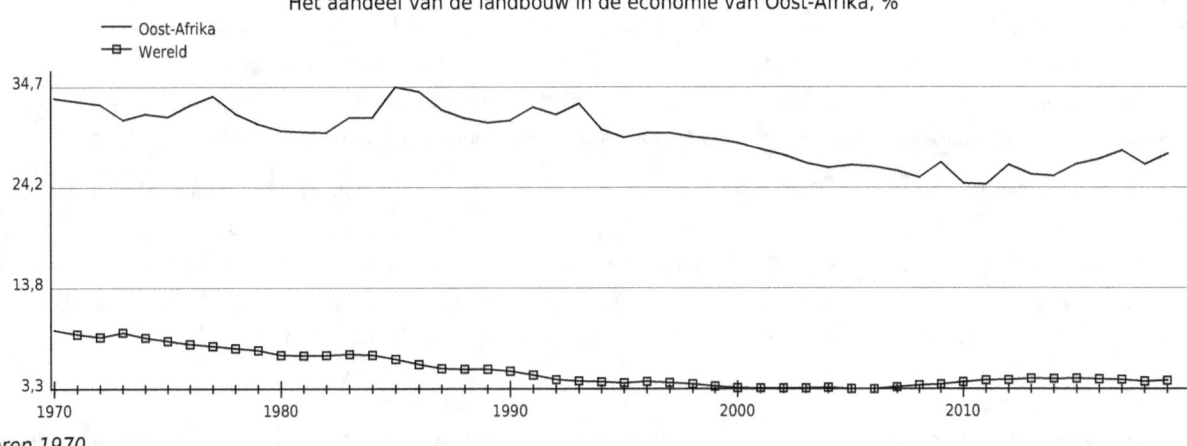

Het aandeel van de landbouw in de economie van Oost-Afrika, %

de jaren 1970

De toegevoegde waarde van de landbouw in Oost-Afrika bedroeg in de jaren 1970 US$10,4 miljard per jaar. Het aandeel in de wereld was 2,0%, en 22,6% in Afrika.

Het aandeel van de landbouw in de economie van Oost-Afrika was 32,2% in de jaren 1970, en was vergelijkbaar met Tsjaad (32,3%), Kenia (32,0%), de Centraal-Afrikaanse Republiek (31,9%).

De waarde van de landbouw per hoofd in Oost-Afrika was $86,3 in de jaren 1970s, en was vergelijkbaar met Guatemala (US$85,1), het Verenigd Koninkrijk (US$87,6), Zimbabwe (US$87,9). De waarde van de landbouw per hoofd in Oost-Afrika was 32,4% lager dan de landbouw per hoofd van de bevolking in de wereld ($127,6), en was 23,1% lager dan de landbouw per hoofd van de bevolking in Afrika ($127,6).

De groei van de landbouw in Oost-Afrika bedroeg 2% in de jaren 1970, en was vergelijkbaar met Joegoslavië (2,0%). De groei van de landbouw in Oost-Afrika (2,0%) was minder dan de groei van de landbouw in de wereld (2,2%), was groter dan de groei van de landbouw in Afrika (1,7%).

Vergelijking met subregio's. De sector van de landbouw in Oost-Afrika was groter dan in Noord-Afrika (US$8,7 miljard), in Centraal-Afrika (US$4,2 miljard) en in Zuidelijk Afrika (US$2,6 miljard); maar minder dan in West-Afrika (US$20,2 miljard). De toegevoegde waarde van de landbouw per hoofd in Oost-Afrika was in Oost-Afrika minder dan in West-Afrika (US$169,1), in Centraal-Afrika (US$92,1), in Zuidelijk Afrika (US$90,9) en in Noord-Afrika (US$90,2). De groei van de landbouw in Oost-Afrika was groter dan in Centraal-Afrika (1,6%) en in West-Afrika (0,69%); maar minder dan in Zuidelijk Afrika (3,9%) en in Noord-Afrika (2,2%).

Leiders. De sector van de landbouw in Oost-Afrika in de jaren 1970 bestond uit: Mozambique (17,8%), Ethiopië (17,5%), Kenia (15,0%), Oeganda (10,1%), Tanzania (7,9%), en andere (31,6%). Het aandeel van de landbouw in economie van de leiders: Ethiopië (51,5%), Oeganda (45,6%), Mozambique (35,8%), Kenia (32,0%) en Tanzania (19,5%). De sector van de landbouw per hoofd in Oost-Afrika onder de leiders: Mozambique ($184,0), Kenia ($116,4), Oeganda ($98,9), Ethiopië ($54,8) en Tanzania ($52,7). De groei van de landbouw onder de leiders: Kenia (4,1%), Mozambique (3,9%), Tanzania (1,9%), Ethiopië (0,88%) en Oeganda (-1,6%).

de jaren 1980

De sector van de landbouw in Oost-Afrika bedroeg in de jaren 1980 US$18,6 miljard per jaar. Het aandeel in de wereld was 2,1%, en 21,6% in Afrika.

Het aandeel van de landbouw in de economie van Oost-Afrika was 31,7% in de jaren 1980.

De waarde van de landbouw per hoofd in Oost-Afrika was $114,5 in de jaren 1980s, en was vergelijkbaar met de Cookeilanden (US$114,2), Peru (US$113,5), de Marshalleilanden (US$116,3). De waarde van de landbouw per hoofd in Oost-Afrika was 38,6% lager dan de landbouw per hoofd van de bevolking in de wereld ($186,6), en was 28,0% lager dan de landbouw per hoofd van de bevolking in Afrika ($186,6).

De groei van de landbouw in Oost-Afrika bedroeg 2.6% in de jaren 1980, en was vergelijkbaar met San Marino (2,5%), Congo-Kinshasa (2,6%), IJsland (2,6%). De groei van de landbouw in Oost-Afrika (2,6%) was minder dan de groei van de landbouw in de wereld (3,1%), was minder dan de groei van de landbouw in Afrika (2,8%).

Vergelijking met subregio's. De toegevoegde waarde van de landbouw in Oost-Afrika was groter dan in Noord-Afrika (US$17,4 miljard), in Centraal-Afrika (US$7,3 miljard) en in Zuidelijk Afrika (US$4,6 miljard); maar minder dan in West-Afrika (US$38,3 miljard). De waarde van de landbouw per hoofd in Oost-Afrika was in Oost-Afrika minder dan in West-Afrika (US$245,3), in Noord-Afrika (US$137,8), in Zuidelijk Afrika (US$124,5) en in Centraal-Afrika (US$121,7). De groei van de landbouw in Oost-Afrika was groter dan in Centraal-Afrika (2,0%); maar minder dan in Zuidelijk Afrika (3,1%), in Noord-Afrika (3,1%) en in West-Afrika (2,9%).

Leiders. De waarde van de landbouw in Oost-Afrika in de jaren 1980 bestond uit: Ethiopië (15,5%), Kenia (15,3%), Mozambique (12,8%), Oeganda (12,2%), Tanzania (11,8%), en andere (32,5%). Het aandeel van de landbouw in economie van de leiders: Oeganda (49,1%), Ethiopië (45,1%), Mozambique (39,5%), Kenia (28,4%) en Tanzania (26,5%). De landbouw per hoofd in Oost-Afrika onder de leiders: Mozambique ($190,1), Oeganda ($156,7), Kenia ($145,3), Tanzania ($102,6) en Ethiopië ($68,3). De groei van de landbouw onder de leiders: Tanzania (3,8%), Kenia (3,7%), Oeganda (2,6%), Mozambique (1,1%) en Ethiopië (0,57%).

de jaren 1990

De toegevoegde waarde van de landbouw in Oost-Afrika bedroeg in de jaren 1990 US$20,6 miljard per jaar. Het aandeel in de wereld was 1,8%, en 21,6% in Afrika.

Het aandeel van de landbouw in de economie van Oost-Afrika was 30,6% in de jaren 1990, en was vergelijkbaar met Ghana (30,6%).

De waarde van de landbouw per hoofd in Oost-Afrika was $95,3 in de jaren 1990s, en was vergelijkbaar met India (US$95,6), Haïti (US$96,7), Afghanistan (US$96,7). De waarde van de landbouw per hoofd in Oost-Afrika was in 2,1 keer lager dan de landbouw per hoofd van de bevolking in de wereld ($199,8), en was 29,2% lager dan de landbouw per hoofd van de bevolking in Afrika ($199,8).

De groei van de landbouw in Oost-Afrika bedroeg 2.8% in de jaren 1990, en was vergelijkbaar met Afrika (2,8%), India (2,8%). De groei van de landbouw in Oost-Afrika (2,8%) was groter dan de groei van de landbouw in de wereld (2,2%), was groter dan de groei van de landbouw in Afrika (2,8%).

Vergelijking met subregio's. De waarde van de landbouw in Oost-Afrika was groter dan in Centraal-Afrika (US$10,3 miljard) en in Zuidelijk Afrika (US$5,8 miljard); maar minder dan in Noord-Afrika (US$29,4 miljard) en in West-Afrika (US$29,2 miljard). De toegevoegde waarde van de landbouw per hoofd in Oost-Afrika was in Oost-Afrika minder dan in Noord-Afrika (US$184,3), in West-Afrika (US$143,3), in Centraal-Afrika (US$125,3) en in Zuidelijk Afrika (US$124,6). De groei van de landbouw in Oost-Afrika was groter dan in Centraal-Afrika (0,43%) en in Zuidelijk Afrika (-0,15%); maar minder dan in Noord-Afrika (3,8%) en in West-Afrika (3,0%).

Leiders. De toegevoegde waarde van de landbouw in Oost-Afrika in de jaren 1990 bestond uit: Ethiopië (23,1%), Kenia (14,9%), Tanzania (11,2%), Oeganda (10,3%), Zimbabwe (7,4%), en andere (33,0%). Het aandeel van de landbouw in economie van de leiders: Ethiopië (56,5%), Oeganda (39,0%), Tanzania (28,0%), Kenia (26,0%) en Zimbabwe (14,0%). De landbouw per hoofd in Oost-Afrika onder de leiders: Zimbabwe ($135,9), Kenia ($112,2), Oeganda ($105,4), Ethiopië ($84,6) en Tanzania ($79,5). De groei van de landbouw onder de leiders: Tanzania (4,7%), Oeganda (4,3%), Zimbabwe (3,7%), Ethiopië (3,5%) en Kenia (2,0%).

de jaren 2000

De waarde van de landbouw in Oost-Afrika bedroeg in de jaren 2000 US$30,1 miljard per jaar, en was vergelijkbaar met Spanje (US$30,6 miljard). Het aandeel in de wereld was 1,9%, en 18,2% in Afrika.

Het aandeel van de landbouw in de economie van Oost-Afrika was 26,6% in de jaren 2000, en was vergelijkbaar met Mozambique (26,6%), Benin (26,6%), Nigeria (26,8%).

De landbouw per hoofd in Oost-Afrika was $105,3 in de jaren 2000s, en was vergelijkbaar met Malawi (US$106,1), Haïti (US$104,2), Rwanda (US$103,6). De waarde van de landbouw per hoofd in Oost-Afrika was in 2,3 keer lager dan de landbouw per hoofd van de bevolking in de wereld ($240,3), en was 42,2% lager dan de landbouw per hoofd van de bevolking in Afrika ($240,3).

De groei van de landbouw in Oost-Afrika bedroeg 3.3% in de jaren 2000, en was vergelijkbaar met Maleisië (3,3%). De groei van de landbouw in Oost-Afrika (3,3%) was groter dan de groei van de landbouw in de wereld (3,0%), was minder dan de groei van de landbouw in Afrika (5,1%).

Vergelijking met subregio's. De landbouw van Oost-Afrika was groter dan in Centraal-Afrika (US$10,8 miljard) en in Zuidelijk Afrika (US$7,2 miljard); maar minder dan in West-Afrika (US$69,8 miljard) en in Noord-Afrika (US$47,0 miljard). De landbouw per hoofd in Oost-Afrika was in Oost-Afrika groter dan in Centraal-Afrika (US$97,8); maar minder dan in West-Afrika (US$263,3), in Noord-Afrika

(US$247,1) en in Zuidelijk Afrika (US$132,3). De groei van de landbouw in Oost-Afrika was groter dan in Zuidelijk Afrika (2,3%); maar minder dan in West-Afrika (7,4%), in Noord-Afrika (4,4%) en in Centraal-Afrika (3,5%).

Leiders. De sector van de landbouw in Oost-Afrika in de jaren 2000 bestond uit: Ethiopië (20,6%), Kenia (17,1%), Tanzania (15,6%), Oeganda (9,8%), Madagaskar (6,7%), en andere (30,2%). Het aandeel van de landbouw in economie van de leiders: Ethiopië (46,4%), Madagaskar (31,5%), Oeganda (27,8%), Tanzania (26,8%) en Kenia (24,4%). De sector van de landbouw per hoofd in Oost-Afrika onder de leiders: Kenia ($141,6), Tanzania ($123,0), Madagaskar ($111,0), Oeganda ($107,9) en Ethiopië ($82,1). De groei van de landbouw onder de leiders: Ethiopië (6,2%), Tanzania (4,5%), Oeganda (3,0%), Madagaskar (2,3%) en Kenia (1,7%).

de jaren 2010

De sector van de landbouw in Oost-Afrika bedroeg in de jaren 2010 US$77,2 miljard per jaar. Het aandeel in de wereld was 2,4%, en 22,4% in Afrika.

Het aandeel van de landbouw in de economie van Oost-Afrika was 26,5% in de jaren 2010, en was vergelijkbaar met Gambia (26,2%).

De toegevoegde waarde van de landbouw per hoofd in Oost-Afrika was $200,8 in de jaren 2010s, en was vergelijkbaar met Kameroen (US$202,7). De waarde van de landbouw per hoofd in Oost-Afrika was in 2,2 keer lager dan de landbouw per hoofd van de bevolking in de wereld ($432,1), en was 31,8% lager dan de landbouw per hoofd van de bevolking in Afrika ($432,1).

De groei van de landbouw in Oost-Afrika bedroeg 4.2% in de jaren 2010, en was vergelijkbaar met Centraal-Azië (4,2%), Bolivia (4,2%). De groei van de landbouw in Oost-Afrika (4,2%) was groter dan de groei van de landbouw in de wereld (2,9%), was groter dan de groei van de landbouw in Afrika (3,7%).

Vergelijking met subregio's. De waarde van de landbouw in Oost-Afrika was 2,9 keer groter dan in Centraal-Afrika (US$26,6 miljard) en 8,0 keer groter dan in Zuidelijk Afrika (US$9,6 miljard); maar 45,7% minder dan in West-Afrika (US$142,1 miljard) en 12,7% minder dan in Noord-Afrika (US$88,4 miljard). De toegevoegde waarde van de landbouw per hoofd in Oost-Afrika was in Oost-Afrika15,1% groter dan in Centraal-Afrika (US$174,5) en 30,5% groter dan in Zuidelijk Afrika (US$153,9); maar 2,0 keer minder dan in West-Afrika (US$408,3) en 49,7% minder dan in Noord-Afrika (US$399,3). De groei van de landbouw in Oost-Afrika was groter dan in West-Afrika (3,8%), in Noord-Afrika (3,3%) en in Zuidelijk Afrika (0,28%); maar minder dan in Centraal-Afrika (4,6%).

Leiders. De toegevoegde waarde van de landbouw in Oost-Afrika in de jaren 2010 bestond uit: Ethiopië (27,6%), Kenia (25,5%), Tanzania (16,7%), Oeganda (8,1%), Mozambique (4,7%), en andere (17,5%). Het aandeel van de landbouw in economie van de leiders: Ethiopië (38,8%), Kenia (32,7%), Tanzania (29,0%), Mozambique (27,5%) en Oeganda (26,0%). De landbouw per hoofd in Oost-Afrika onder de leiders: Kenia ($415,4), Tanzania ($252,8), Ethiopië ($213,5), Oeganda ($164,0) en Mozambique ($135,6). De groei van de landbouw onder de leiders: Ethiopië (5,7%), Kenia (4,6%), Tanzania (4,5%), Mozambique (3,2%) en Oeganda (2,8%).

Hoofdstuk V. Industrie

Mijnbouw, productie, nutsbedrijven (ISIC C-E)

De industrie van Oost-Afrika steeg van US$6,8 miljard per jaar in de jaren 1970 tot US$44,9 miljard per jaar in de jaren 2010, dat wil zeggen met US$38,1 miljard of 6,6 keer. De verandering vond plaats op US$13,8 miljard als gevolg van een 1,4-voudige stijging van de prijzen, en ook op US$9,4 miljard als gevolg van een 1,4-voudige toename van de productiviteit , evenals op US$14,9 miljard als gevolg van de toename van de bevolking. De gemiddelde jaarlijkse groei van de industrie is 4,0%. De minimumwaarde van de industrie bedroeg US$3,8 miljard in 1970. De maximumwaarde van de industrie bedroeg US$52,4 miljard in 2019.

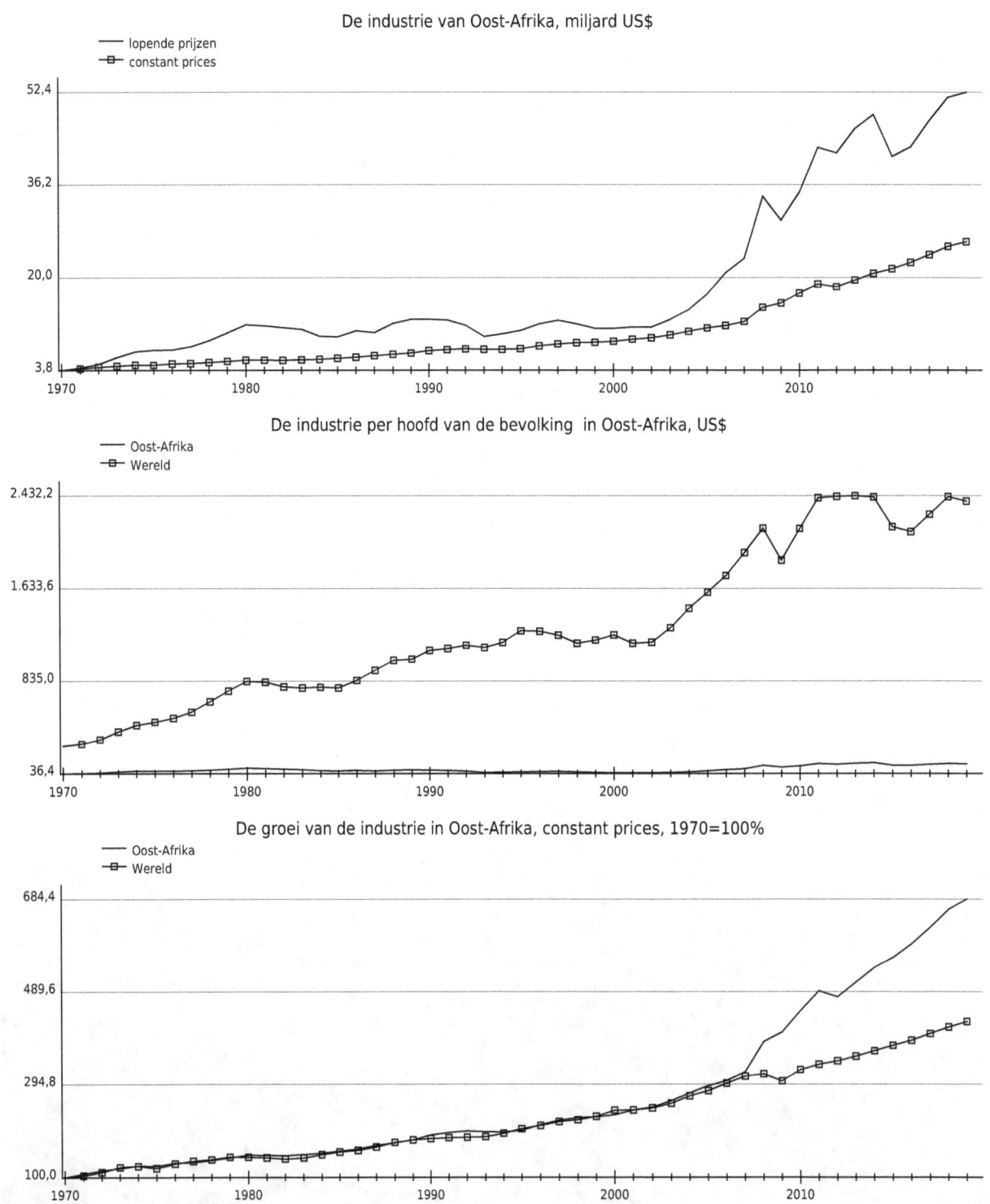

De industrie van Oost-Afrika, miljard US$

De industrie per hoofd van de bevolking in Oost-Afrika, US$

De groei van de industrie in Oost-Afrika, constant prices, 1970=100%

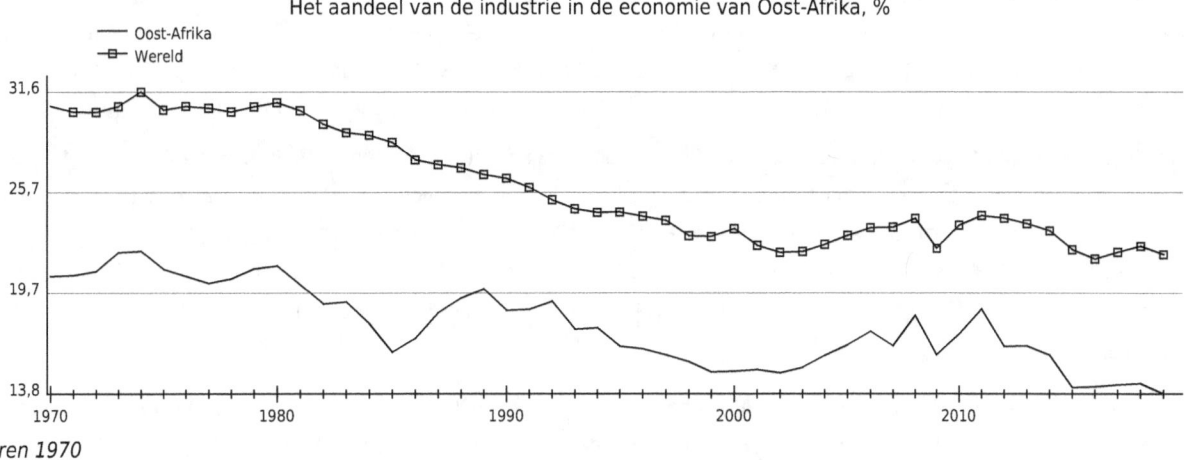

Het aandeel van de industrie in de economie van Oost-Afrika, %

— Oost-Afrika
–□– Wereld

de jaren 1970

De industrie van Oost-Afrika bedroeg in de jaren 1970 US$6,8 miljard per jaar, en was vergelijkbaar met Finland (US$6,8 miljard), Denemarken (US$7,0 miljard). Het aandeel in de wereld was 0,35%, en 9,2% in Afrika.

Het aandeel van de industrie in de economie van Oost-Afrika was 21,1% in de jaren 1970, en was vergelijkbaar met Swaziland (21,2%), Mauritius (20,9%), Hongkong (21,3%).

De toegevoegde waarde van de industrie per hoofd in Oost-Afrika was $56,5 in de jaren 1970s, en was vergelijkbaar met Sri Lanka (US$56,6), Sao Tomé en Principe (US$57,3). De sector van de industrie per hoofd in Oost-Afrika was in 8,5 keer lager dan de industrie per hoofd van de bevolking in de wereld ($480,5), en was in 3,2 keer lager dan de industrie per hoofd van de bevolking in Afrika ($480,5).

De groei van de industrie in Oost-Afrika bedroeg 3.9% in de jaren 1970, en was vergelijkbaar met San Marino (3,8%), Mozambique (3,8%), Monaco (3,9%). De groei van de industrie in Oost-Afrika (3,9%) was minder dan de groei van de industrie in de wereld (4,0%), was minder dan de groei van de industrie in Afrika (5,5%).

Vergelijking met subregio's. De industrie van Oost-Afrika was groter dan in Centraal-Afrika (US$5,6 miljard); maar minder dan in West-Afrika (US$29,9 miljard), in Noord-Afrika (US$19,9 miljard) en in Zuidelijk Afrika (US$12,2 miljard). De toegevoegde waarde van de industrie per hoofd in Oost-Afrika was in Oost-Afrika minder dan in Zuidelijk Afrika (US$434,0), in West-Afrika (US$250,3), in Noord-Afrika (US$205,8) en in Centraal-Afrika (US$122,8). De groei van de industrie in Oost-Afrika was groter dan in Zuidelijk Afrika (1,5%) en in Centraal-Afrika (1,4%); maar minder dan in West-Afrika (7,3%) en in Noord-Afrika (6,9%).

Leiders. De sector van de industrie in Oost-Afrika in de jaren 1970 bestond uit: Mozambique (23,3%), Zimbabwe (18,4%), Kenia (16,5%), Zambia (12,5%), Tanzania (9,4%), en andere (19,9%). Het aandeel van de industrie in economie van de leiders: Zambia (39,0%), Mozambique (30,7%), Zimbabwe (28,6%), Kenia (23,1%) en Tanzania (15,1%). De industrie per hoofd in Oost-Afrika onder de leiders: Zimbabwe ($202,2), Zambia ($174,6), Mozambique ($157,6), Kenia ($84,1) en Tanzania ($40,7). De groei van de industrie onder de leiders: Kenia (9,6%), Mozambique (3,8%), Tanzania (3,7%), Zimbabwe (1,8%) en Zambia (1,5%).

de jaren 1980

De industrie van Oost-Afrika bedroeg in de jaren 1980 US$11,1 miljard per jaar, en was vergelijkbaar met Centraal-Afrika (US$11,0 miljard), Maleisië (US$10,9 miljard). Het aandeel in de wereld was 0,27%, en 7,1% in Afrika.

Het aandeel van de industrie in de economie van Oost-Afrika was 18,9% in de jaren 1980, en was vergelijkbaar met Niger (18,8%).

De toegevoegde waarde van de industrie per hoofd in Oost-Afrika was $68,3 in de jaren 1980s, en was vergelijkbaar met de Comoren (US$66,9). De industrie per hoofd in Oost-Afrika was in 12,6 keer lager dan de industrie per hoofd van de bevolking in de wereld ($861,8), en was in 4,2 keer lager dan de industrie per hoofd van de bevolking in Afrika ($861,8).

De groei van de industrie in Oost-Afrika bedroeg 2.4% in de jaren 1980, en was vergelijkbaar met Monaco (2,3%), Costa Rica (2,4%). De groei van de industrie in Oost-Afrika (2,4%) was groter dan de groei van de industrie in de wereld (2,3%), was groter dan de groei van de industrie in Afrika (-0,99%).

Vergelijking met subregio's. De sector van de industrie in Oost-Afrika was groter dan in Centraal-Afrika (US$11,0 miljard); maar minder dan in West-Afrika (US$56,4 miljard), in Noord-Afrika (US$46,6 miljard) en in Zuidelijk Afrika (US$31,2 miljard). De toegevoegde waarde van de industrie per hoofd in Oost-Afrika was in Oost-Afrika minder dan in Zuidelijk Afrika (US$849,4), in Noord-Afrika (US$369,4), in West-Afrika (US$361,0) en in Centraal-Afrika (US$183,0). De groei van de industrie in Oost-Afrika was groter dan in Zuidelijk Afrika (1,5%), in West-Afrika (-1,8%) en in Noord-Afrika (-2,3%); maar minder dan in Centraal-Afrika (2,7%).

Leiders. De industrie van Oost-Afrika in de jaren 1980 bestond uit: Zimbabwe (22,7%), Kenia (20,2%), Mozambique (11,4%), Zambia (11,4%), Tanzania (8,5%), en andere (25,8%). Het aandeel van de industrie in economie van de leiders: Zambia (40,8%), Zimbabwe (26,9%), Kenia (22,4%), Mozambique (21,1%) en Tanzania (11,4%). De waarde van de industrie per hoofd in Oost-Afrika onder de leiders: Zimbabwe ($287,4), Zambia ($184,6), Kenia ($114,5), Mozambique ($101,7) en Tanzania ($44,1). De groei van de industrie onder de leiders: Kenia (3,9%), Zimbabwe (3,9%), Zambia (-0,41%), Tanzania (-1,4%) en Mozambique (-2,4%).

de jaren 1990

De toegevoegde waarde van de industrie in Oost-Afrika bedroeg in de jaren 1990 US$11,5 miljard per jaar, en was vergelijkbaar met Koeweit (US$11,7 miljard), Nieuw-Zeeland (US$11,7 miljard). Het aandeel in de wereld was 0,17%, en 7,3% in Afrika.

Het aandeel van de industrie in de economie van Oost-Afrika was 17,1% in de jaren 1990, en was vergelijkbaar met Congo-Kinshasa (17,0%), Suriname (17,0%).

De waarde van de industrie per hoofd in Oost-Afrika was $53,3 in de jaren 1990s, en was vergelijkbaar met Bangladesh (US$53,1), Guinee-Bissau (US$53,9), Kiribati (US$52,4). De waarde van de industrie per hoofd in Oost-Afrika was in 22,1 keer lager dan de industrie per hoofd van de bevolking in de wereld ($1.175,6), en was in 4,2 keer lager dan de industrie per hoofd van de bevolking in Afrika ($1.175,6).

De groei van de industrie in Oost-Afrika bedroeg 2.4% in de jaren 1990. De groei van de industrie in Oost-Afrika (2,4%) was minder dan de groei van de industrie in de wereld (2,5%), was groter dan de groei van de industrie in Afrika (1,3%).

Vergelijking met subregio's. De toegevoegde waarde van de industrie in Oost-Afrika was minder dan in Noord-Afrika (US$59,5 miljard), in Zuidelijk Afrika (US$42,1 miljard), in West-Afrika (US$30,3 miljard) en in Centraal-Afrika (US$14,4 miljard). De waarde van de industrie per hoofd in Oost-Afrika was in Oost-Afrika minder dan in Zuidelijk Afrika (US$903,4), in Noord-Afrika (US$372,5), in Centraal-Afrika (US$174,5) en in West-Afrika (US$148,8). De groei van de industrie in Oost-Afrika was groter dan in Noord-Afrika (2,2%), in West-Afrika (0,92%), in Zuidelijk Afrika (0,44%) en in Centraal-Afrika (-1,2%).

Leiders. De sector van de industrie in Oost-Afrika in de jaren 1990 bestond uit: Zimbabwe (21,7%), Kenia (20,0%), Tanzania (10,9%), Zambia (10,2%), Mauritius (7,1%), en andere (30,1%). Het aandeel van de industrie in economie van de leiders: Zambia (35,5%), Mauritius (25,4%), Zimbabwe (22,9%), Kenia (19,5%) en Tanzania (15,2%). De toegevoegde waarde van de industrie per hoofd in Oost-Afrika onder de leiders: Mauritius ($729,0), Zimbabwe ($221,4), Zambia ($130,5), Kenia ($84,0) en Tanzania ($43,2). De groei van de industrie onder de leiders: Tanzania (6,3%), Mauritius (5,6%), Kenia (1,5%), Zimbabwe (0,52%) en Zambia (-2,2%).

de jaren 2000

De industrie van Oost-Afrika bedroeg in de jaren 2000 US$18,6 miljard per jaar, en was vergelijkbaar met Oman (US$18,5 miljard), Kazachstan (US$19,0 miljard), Vietnam (US$19,0 miljard). Het aandeel in de wereld was 0,18%, en 5,8% in Afrika.

Het aandeel van de industrie in de economie van Oost-Afrika was 16,5% in de jaren 2000, en was vergelijkbaar met het Verenigd Koninkrijk (16,5%), Palestina (16,5%), Oeganda (16,6%).

De toegevoegde waarde van de industrie per hoofd in Oost-Afrika was $65,3 in de jaren 2000s, en was vergelijkbaar met Kiribati (US$65,8), Oeganda (US$64,4), Haïti (US$66,3). De toegevoegde waarde van de industrie per hoofd in Oost-Afrika was in 24,1 keer lager dan de industrie per hoofd van de bevolking in de wereld ($1.573,8), en was in 5,4 keer lager dan de industrie per hoofd van de bevolking in Afrika ($1.573,8).

De groei van de industrie in Oost-Afrika bedroeg 6% in de jaren 2000, en was vergelijkbaar met Zuid-Azië (5,9%). De groei van de industrie in Oost-Afrika (6,0%) was groter dan de groei van de industrie in de wereld (2,9%), was groter dan de groei van de industrie in Afrika (3,1%).

Vergelijking met subregio's. De industrie van Oost-Afrika was minder dan in Noord-Afrika (US$139,0 miljard), in Zuidelijk Afrika (US$59,8 miljard), in West-Afrika (US$58,9 miljard) en in Centraal-Afrika (US$43,3 miljard). De sector van de industrie per hoofd in Oost-Afrika was in Oost-Afrika minder dan in Zuidelijk Afrika (US$1.099,0), in Noord-Afrika (US$730,2), in Centraal-Afrika (US$390,2) en in West-Afrika (US$221,9). De groei van de industrie in Oost-Afrika was groter dan in Centraal-Afrika (5,4%), in Noord-Afrika (3,3%), in West-Afrika (2,2%) en in Zuidelijk Afrika (1,3%).

Leiders. De industrie van Oost-Afrika in de jaren 2000 bestond uit: Kenia (19,0%), Tanzania (14,2%), Zambia (10,0%), Oeganda (9,5%), Zimbabwe (9,3%), en andere (38,1%). Het aandeel van de industrie in economie van de leiders: Zimbabwe (23,9%), Zambia (21,7%), Kenia (16,8%), Oeganda (16,6%) en Tanzania (15,1%). De industrie per hoofd in Oost-Afrika onder de leiders: Zambia ($159,0), Zimbabwe ($143,7), Kenia ($97,5), Tanzania ($69,4) en Oeganda ($64,4). De groei van de industrie onder de leiders: Zambia (9,2%), Tanzania (7,9%), Oeganda (5,6%), Kenia (3,1%) en Zimbabwe (-1,5%).

de jaren 2010

De industrie van Oost-Afrika bedroeg in de jaren 2010 US$44,9 miljard per jaar, en was vergelijkbaar met Israël (US$44,8 miljard). Het aandeel in de wereld was 0,26%, en 7,9% in Afrika.

Het aandeel van de industrie in de economie van Oost-Afrika was 15,4% in de jaren 2010, en was vergelijkbaar met Palestina (15,5%), de Verenigde Staten (15,3%).

De industrie per hoofd in Oost-Afrika was $116,9 in de jaren 2010s, en was vergelijkbaar met Togo (US$118,0). De sector van de industrie per hoofd in Oost-Afrika was in 19,9 keer lager dan de industrie per hoofd van de bevolking in de wereld ($2.320,9), en was in 4,2 keer lager dan de industrie per hoofd van de bevolking in Afrika ($2.320,9).

De groei van de industrie in Oost-Afrika bedroeg 5.4% in de jaren 2010. De groei van de industrie in Oost-Afrika (5,4%) was groter dan de groei van de industrie in de wereld (3,5%), was groter dan de groei van de industrie in Afrika (0,035%).

Vergelijking met subregio's. De sector van de industrie in Oost-Afrika was 4,7 keer minder dan in Noord-Afrika (US$212,1 miljard), 3,0 keer minder dan in West-Afrika (US$132,7 miljard), 2,0 keer minder dan in Zuidelijk Afrika (US$91,3 miljard) en 2,0 keer minder dan in Centraal-Afrika (US$90,5 miljard). De toegevoegde waarde van de industrie per hoofd in Oost-Afrika was in Oost-Afrika12,5 keer minder dan in Zuidelijk Afrika (US$1.459,9), 8,2 keer minder dan in Noord-Afrika (US$958,1), 5,1 keer minder dan in Centraal-Afrika (US$594,0) en 3,3 keer minder dan in West-Afrika (US$381,4). De groei van de industrie in Oost-Afrika was groter dan in West-Afrika (3,3%), in Centraal-Afrika (2,0%), in Zuidelijk Afrika (0,89%) en in Noord-Afrika (-3,0%).

Leiders. De toegevoegde waarde van de industrie in Oost-Afrika in de jaren 2010 bestond uit: Kenia (17,7%), Tanzania (15,1%), Zambia (13,4%), Zuid-Soedan (10,0%), Zimbabwe (8,5%), en andere (35,3%). Het aandeel van de industrie in economie van de leiders: Zuid-Soedan (49,9%), Zambia (26,5%), Zimbabwe (22,5%), Tanzania (15,2%) en Kenia (13,2%). De industrie per hoofd in Oost-Afrika onder de leiders: Zuid-Soedan ($430,2), Zambia ($385,3), Zimbabwe ($280,0), Kenia ($167,8) en Tanzania ($132,9). De groei van de industrie onder de leiders: Tanzania (7,1%), Zimbabwe (6,4%), Kenia (4,6%), Zambia (4,2%) en Zuid-Soedan (-2,1%).

Hoofdstuk 5.1. Fabricage

(ISIC D)

De toegevoegde waarde van de fabricage in Oost-Afrika steeg van US$5,3 miljard per jaar in de jaren 1970 tot US$25,4 miljard per jaar in de jaren 2010, dat wil zeggen met US$20,1 miljard of 4,8 keer. De verandering vond plaats op US$2,4 miljard als gevolg van een 1,1-voudige stijging van de prijzen, en ook op US$6,1 miljard als gevolg van een 1,4-voudige toename van de productiviteit , evenals op US$11,6 miljard als gevolg van de toename van de bevolking. De gemiddelde jaarlijkse groei van de fabricage is 4,0%. De minimumwaarde van de fabricage bedroeg US$2,9 miljard in 1970. De maximumwaarde van de fabricage bedroeg US$31,6 miljard in 2019.

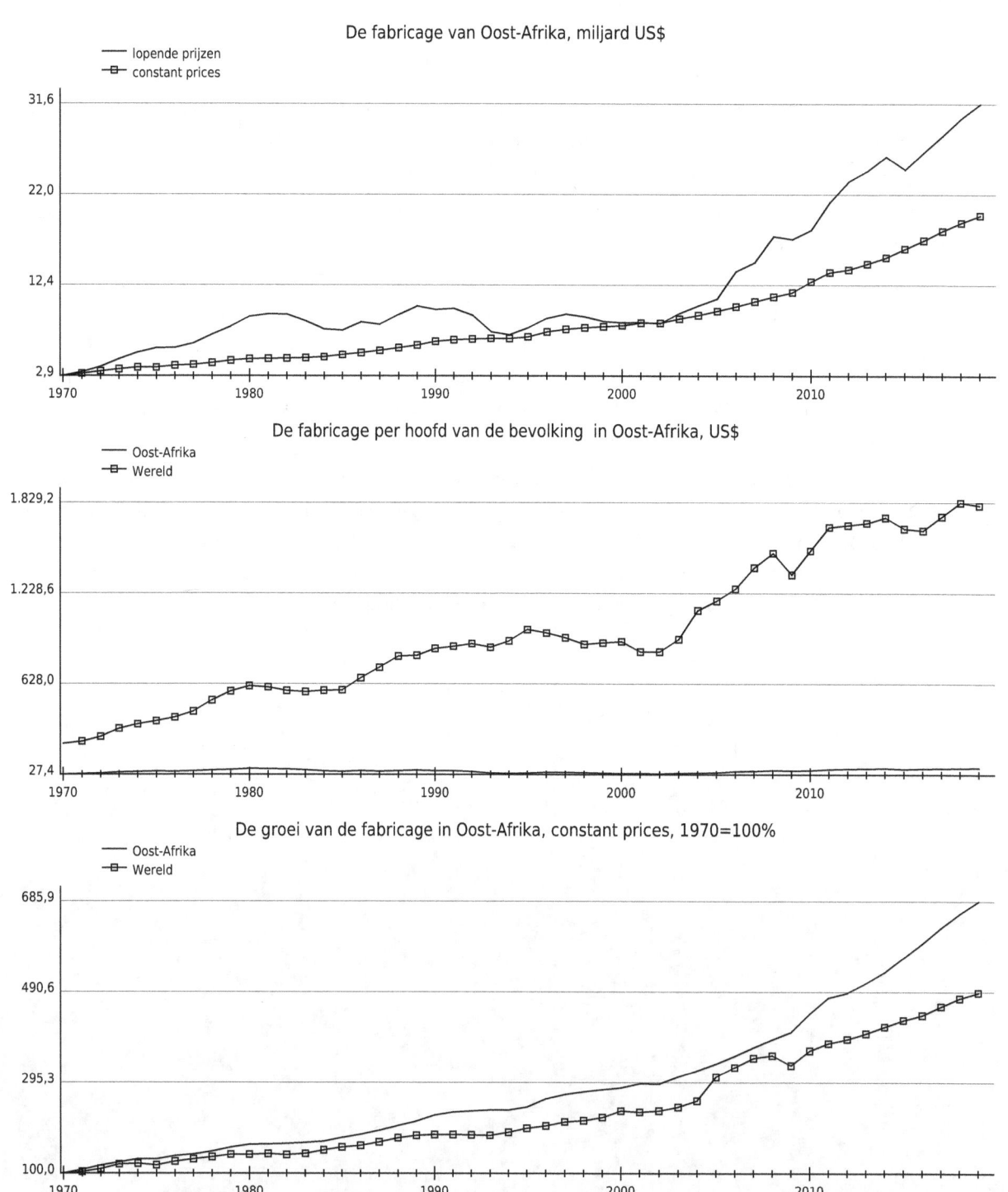

De fabricage van Oost-Afrika, miljard US$

De fabricage per hoofd van de bevolking in Oost-Afrika, US$

De groei van de fabricage in Oost-Afrika, constant prices, 1970=100%

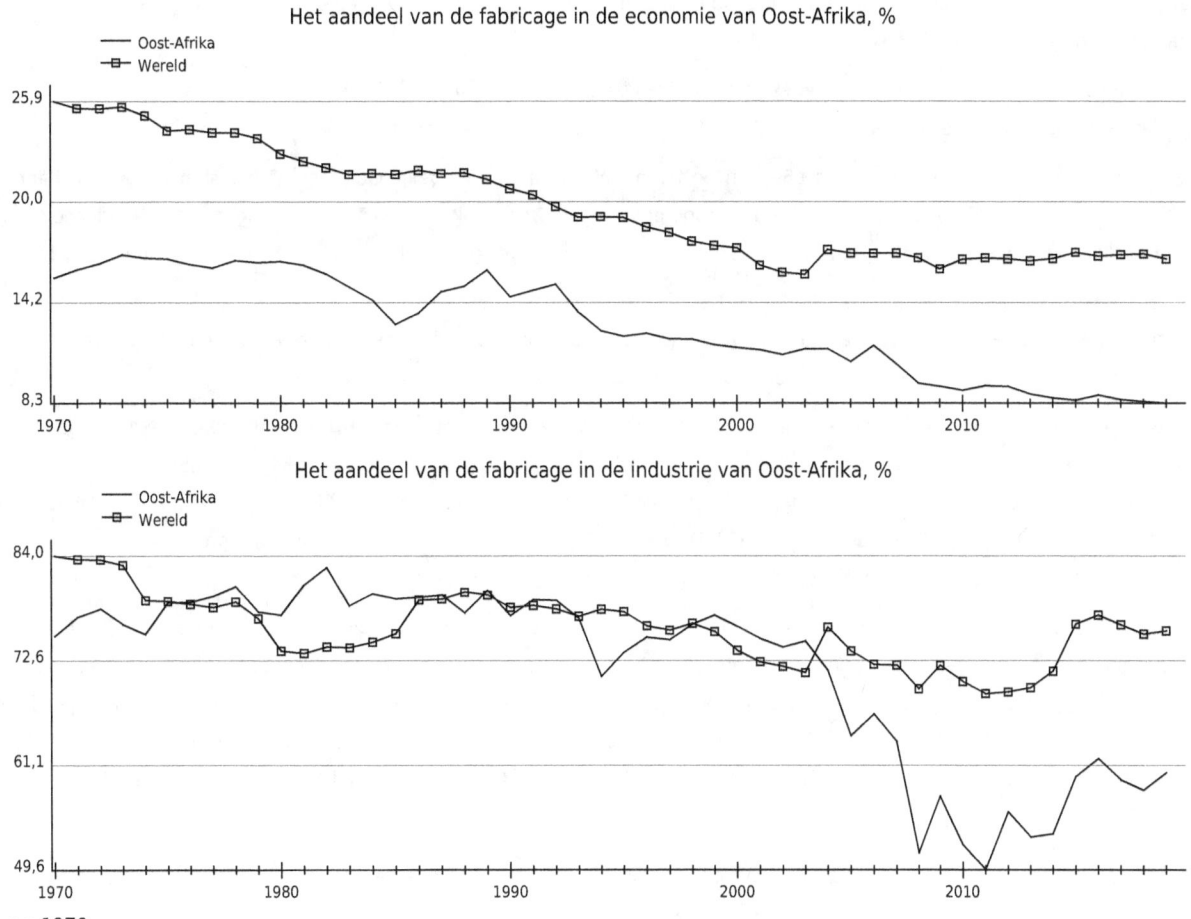

Het aandeel van de fabricage in de economie van Oost-Afrika, %

Het aandeel van de fabricage in de industrie van Oost-Afrika, %

de jaren 1970

De fabricage van Oost-Afrika bedroeg in de jaren 1970 US$5,3 miljard per jaar. Het aandeel in de wereld was 0,34%, en 13,1% in Afrika.

Het aandeel van de fabricage in de economie van Oost-Afrika was 16,5% in de jaren 1970, en was vergelijkbaar met Honduras (16,5%), Ierland (16,6%).

De sector van de fabricage per hoofd in Oost-Afrika was $44,2 in de jaren 1970s, en was vergelijkbaar met Sao Tomé en Principe (US$45,1). De toegevoegde waarde van de fabricage per hoofd in Oost-Afrika was in 8,7 keer lager dan de fabricage per hoofd van de bevolking in de wereld ($383,2), en was in 2,2 keer lager dan de fabricage per hoofd van de bevolking in Afrika ($383,2).

De groei van de fabricage in Oost-Afrika bedroeg 5% in de jaren 1970, en was vergelijkbaar met Togo (5,0%). De groei van de fabricage in Oost-Afrika (5,0%) was groter dan de groei van de fabricage in de wereld (3,8%), was groter dan de groei van de fabricage in Afrika (4,9%).

Vergelijking met subregio's. De sector van de fabricage in Oost-Afrika was groter dan in Centraal-Afrika (US$2,1 miljard); maar minder dan in West-Afrika (US$19,8 miljard), in Zuidelijk Afrika (US$7,2 miljard) en in Noord-Afrika (US$6,3 miljard). De sector van de fabricage per hoofd in Oost-Afrika was in Oost-Afrika minder dan in Zuidelijk Afrika (US$255,9), in West-Afrika (US$166,0), in Noord-Afrika (US$65,2) en in Centraal-Afrika (US$47,0). De groei van de fabricage in Oost-Afrika was groter dan in Zuidelijk Afrika (4,9%) en in Centraal-Afrika (-0,67%); maar minder dan in West-Afrika (9,1%) en in Noord-Afrika (5,6%).

Leiders. De sector van de fabricage in Oost-Afrika in de jaren 1970 bestond uit: Mozambique (28,4%), Zimbabwe (16,3%), Kenia (15,7%), Tanzania (10,6%), Zambia (7,8%), en andere (21,2%). Het aandeel van de fabricage in economie van de leiders: Mozambique (29,1%), Zimbabwe (19,8%), Zambia (19,1%), Kenia (17,2%) en Tanzania (13,3%). De waarde van de fabricage per hoofd in Oost-Afrika onder de leiders: Mozambique ($149,7), Zimbabwe ($140,1), Zambia ($85,7), Kenia ($62,5) en Tanzania ($36,0). De groei van de fabricage onder de leiders: Kenia (10,6%), Tanzania (4,5%), Mozambique (3,8%), Zimbabwe (3,5%) en Zambia (1,8%).

de jaren 1980

De fabricage van Oost-Afrika bedroeg in de jaren 1980 US$8,8 miljard per jaar, en was vergelijkbaar met Noorwegen (US$9,0 miljard). Het aandeel in de wereld was 0,28%, en 10,3% in Afrika.

Het aandeel van de fabricage in de economie van Oost-Afrika was 15,1% in de jaren 1980, en was vergelijkbaar met Jamaica (15,1%), Bangladesh (15,0%), Zuid-Azië (15,2%).

De fabricage per hoofd in Oost-Afrika was $54,4 in de jaren 1980s, en was vergelijkbaar met Afghanistan (US$54,7), Kaapverdië (US$55,1), Zuid-Azië (US$55,6). De sector van de fabricage per hoofd in Oost-Afrika was in 12,2 keer lager dan de fabricage per hoofd van de bevolking in de wereld ($661,2), en was in 2,9 keer lager dan de fabricage per hoofd van de bevolking in Afrika ($661,2).

De groei van de fabricage in Oost-Afrika bedroeg 3.1% in de jaren 1980, en was vergelijkbaar met Malawi (3,1%), Chili (3,1%), Polynesië (3,1%). De groei van de fabricage in Oost-Afrika (3,1%) was groter dan de groei van de fabricage in de wereld (2,6%), was groter dan de groei van de fabricage in Afrika (2,0%).

Vergelijking met subregio's. De waarde van de fabricage in Oost-Afrika was groter dan in Centraal-Afrika (US$4,3 miljard); maar minder dan in West-Afrika (US$38,1 miljard), in Zuidelijk Afrika (US$17,7 miljard) en in Noord-Afrika (US$16,5 miljard). De sector van de fabricage per hoofd in Oost-Afrika was in Oost-Afrika minder dan in Zuidelijk Afrika (US$482,3), in West-Afrika (US$243,7), in Noord-Afrika (US$130,4) en in Centraal-Afrika (US$71,8). De groei van de fabricage in Oost-Afrika was groter dan in Zuidelijk Afrika (2,5%), in Centraal-Afrika (1,8%) en in West-Afrika (-1,1%); maar minder dan in Noord-Afrika (6,1%).

Leiders. De sector van de fabricage in Oost-Afrika in de jaren 1980 bestond uit: Zimbabwe (21,4%), Kenia (19,6%), Mozambique (13,6%), Tanzania (9,4%), Zambia (9,0%), en andere (27,0%). Het aandeel van de fabricage in economie van de leiders: Zambia (25,7%), Zimbabwe (20,2%), Mozambique (20,1%), Kenia (17,3%) en Tanzania (10,1%). De waarde van de fabricage per hoofd in Oost-Afrika onder de leiders: Zimbabwe ($215,6), Zambia ($116,3), Mozambique ($96,6), Kenia ($88,5) en Tanzania ($39,0). De groei van de fabricage onder de leiders: Kenia (4,8%), Zimbabwe (4,2%), Zambia (3,3%), Tanzania (-1,6%) en Mozambique (-2,3%).

de jaren 1990

De waarde van de fabricage in Oost-Afrika bedroeg in de jaren 1990 US$8,8 miljard per jaar. Het aandeel in de wereld was 0,17%, en 9,9% in Afrika.

Het aandeel van de fabricage in de economie van Oost-Afrika was 13,1% in de jaren 1990, en was vergelijkbaar met Jamaica (13,0%), Fiji (13,1%).

De sector van de fabricage per hoofd in Oost-Afrika was $40,6 in de jaren 1990s, en was vergelijkbaar met Angola (US$41,3). De sector van de fabricage per hoofd in Oost-Afrika was in 22,4 keer lager dan de fabricage per hoofd van de bevolking in de wereld ($908,4), en was in 3,1 keer lager dan de fabricage per hoofd van de bevolking in Afrika ($908,4).

De groei van de fabricage in Oost-Afrika bedroeg 2.8% in de jaren 1990, en was vergelijkbaar met Nicaragua (2,8%). De groei van de fabricage in Oost-Afrika (2,8%) was groter dan de groei van de fabricage in de wereld (2,0%), was groter dan de groei van de fabricage in Afrika (0,55%).

Vergelijking met subregio's. De toegevoegde waarde van de fabricage in Oost-Afrika was groter dan in Centraal-Afrika (US$4,0 miljard); maar minder dan in Noord-Afrika (US$28,5 miljard), in Zuidelijk Afrika (US$27,4 miljard) en in West-Afrika (US$19,7 miljard). De waarde van de fabricage per hoofd in Oost-Afrika was in Oost-Afrika minder dan in Zuidelijk Afrika (US$586,9), in Noord-Afrika (US$178,5), in West-Afrika (US$96,7) en in Centraal-Afrika (US$48,8). De groei van de fabricage in Oost-Afrika was groter dan in Zuidelijk Afrika (0,54%), in West-Afrika (-0,68%) en in Centraal-Afrika (-7,1%); maar minder dan in Noord-Afrika (4,4%).

Leiders. De fabricage van Oost-Afrika in de jaren 1990 bestond uit: Zimbabwe (21,9%), Kenia (21,0%), Tanzania (10,8%), Mauritius (8,5%), Zambia (7,2%), en andere (30,6%). Het aandeel van de fabricage in economie van de leiders: Mauritius (23,4%), Zambia (19,0%), Zimbabwe (17,6%), Kenia (15,6%) en Tanzania (11,5%). De sector van de fabricage per hoofd in Oost-Afrika onder de leiders: Mauritius ($670,8), Zimbabwe ($170,5), Zambia ($69,8), Kenia ($67,2) en Tanzania ($32,6). De groei van de fabricage onder de leiders: Mauritius (5,4%), Tanzania (4,0%), Kenia (1,7%), Zambia (0,89%) en Zimbabwe (0,81%).

de jaren 2000

De toegevoegde waarde van de fabricage in Oost-Afrika bedroeg in de jaren 2000 US$12,0 miljard per jaar. Het aandeel in de wereld was 0,16%, en 9,1% in Afrika.

Het aandeel van de fabricage in de economie van Oost-Afrika was 10,6% in de jaren 2000, en was vergelijkbaar met Togo (10,7%).

De sector van de fabricage per hoofd in Oost-Afrika was $42,0 in de jaren 2000s. De fabricage per hoofd in Oost-Afrika was in 27,1 keer lager dan de fabricage per hoofd van de bevolking in de wereld ($1.138,1), en was in 3,4 keer lager dan de fabricage per hoofd van de bevolking in Afrika ($1.138,1).

De groei van de fabricage in Oost-Afrika bedroeg 3.8% in de jaren 2000, en was vergelijkbaar met Saint Kitts en Nevis (3,7%), Algerije (3,8%). De groei van de fabricage in Oost-Afrika (3,8%) was minder dan de groei van de fabricage in de wereld (4,2%), was groter dan de groei van de fabricage in Afrika (3,5%).

Vergelijking met subregio's. De fabricage van Oost-Afrika was groter dan in Centraal-Afrika (US$9,1 miljard); maar minder dan in Noord-Afrika (US$43,3 miljard), in Zuidelijk Afrika (US$36,4 miljard) en in West-Afrika (US$30,6 miljard). De waarde van de fabricage per hoofd in Oost-Afrika was in Oost-Afrika minder dan in Zuidelijk Afrika (US$668,5), in Noord-Afrika (US$227,2), in West-Afrika (US$115,4) en in Centraal-Afrika (US$81,7). De groei van de fabricage in Oost-Afrika was groter dan in Zuidelijk Afrika (2,7%) en in West-Afrika (1,9%); maar minder dan in Centraal-Afrika (4,7%) en in Noord-Afrika (4,4%).

Leiders. De toegevoegde waarde van de fabricage in Oost-Afrika in de jaren 2000 bestond uit: Kenia (24,0%), Tanzania (14,4%), Mauritius (9,5%), Mozambique (9,1%), Oeganda (8,7%), en andere (34,4%). Het aandeel van de fabricage in economie van de leiders: Mauritius (19,0%), Mozambique (14,7%), Kenia (13,7%), Tanzania (9,9%) en Oeganda (9,9%). De toegevoegde waarde van de fabricage per hoofd in Oost-Afrika onder de leiders: Mauritius ($930,8), Kenia ($79,2), Mozambique ($53,6), Tanzania ($45,3) en Oeganda ($38,3). De groei van de fabricage onder de leiders: Mozambique (9,7%), Tanzania (7,9%), Oeganda (5,8%), Kenia (2,8%) en Mauritius (1,6%).

de jaren 2010

De sector van de fabricage in Oost-Afrika bedroeg in de jaren 2010 US$25,4 miljard per jaar. Het aandeel in de wereld was 0,20%, en 10,6% in Afrika.

Het aandeel van de fabricage in de economie van Oost-Afrika was 8,7% in de jaren 2010.

De waarde van de fabricage per hoofd in Oost-Afrika was $66,2 in de jaren 2010s, en was vergelijkbaar met de Marshalleilanden (US$65,6), Djibouti (US$64,8). De sector van de fabricage per hoofd in Oost-Afrika was in 25,6 keer lager dan de fabricage per hoofd van de bevolking in de wereld ($1.697,4), en was in 3,1 keer lager dan de fabricage per hoofd van de bevolking in Afrika ($1.697,4).

De groei van de fabricage in Oost-Afrika bedroeg 5.4% in de jaren 2010, en was vergelijkbaar met Marokko (5,5%). De groei van de fabricage in Oost-Afrika (5,4%) was groter dan de groei van de fabricage in de wereld (3,9%), was groter dan de groei van de fabricage in Afrika (3,6%).

Vergelijking met subregio's. De fabricage van Oost-Afrika was 4,8% groter dan in Centraal-Afrika (US$24,3 miljard); maar 3,2 keer minder dan in Noord-Afrika (US$81,4 miljard), 2,5 keer minder dan in West-Afrika (US$62,8 miljard) en 46,0% minder dan in Zuidelijk Afrika (US$47,1 miljard). De waarde van de fabricage per hoofd in Oost-Afrika was in Oost-Afrika 11,4 keer minder dan in Zuidelijk Afrika (US$752,9), 5,6 keer minder dan in Noord-Afrika (US$367,7), 2,7 keer minder dan in West-Afrika (US$180,5) en 2,4 keer minder dan in Centraal-Afrika (US$159,3). De groei van de fabricage in Oost-Afrika was groter dan in Centraal-Afrika (3,6%), in Noord-Afrika (2,3%) en in Zuidelijk Afrika (1,4%); maar minder dan in West-Afrika (6,6%).

Leiders. De sector van de fabricage in Oost-Afrika in de jaren 2010 bestond uit: Kenia (23,5%), Tanzania (16,1%), Ethiopië (11,4%), Oeganda (9,3%), Zimbabwe (8,6%), en andere (31,1%). Het aandeel van de fabricage in economie van de leiders: Zimbabwe (12,8%), Kenia (10,0%), Oeganda (9,9%), Tanzania (9,2%) en Ethiopië (5,3%). De fabricage per hoofd in Oost-Afrika onder de leiders: Zimbabwe ($159,8), Kenia ($126,5), Tanzania ($80,2), Oeganda ($62,6) en Ethiopië ($29,1). De groei van de fabricage onder de leiders: Ethiopië (14,9%), Tanzania (7,4%), Zimbabwe (6,8%), Oeganda (3,7%) en Kenia (3,4%).

Hoofdstuk VI. Constructie

(ISIC F)

De waarde van de constructie in Oost-Afrika steeg van US$1,2 miljard per jaar in de jaren 1970 tot US$24,3 miljard per jaar in de jaren 2010, dat wil zeggen met US$23,1 miljard of 20,0 keer. De verandering vond plaats op US$16,2 miljard als gevolg van een 3,0-voudige stijging van de prijzen, en ook op US$4,3 miljard als gevolg van een 2,1-voudige toename van de productiviteit , evenals op US$2,7 miljard als gevolg van de toename van de bevolking. De gemiddelde jaarlijkse groei van de constructie is 5,1%. De minimumwaarde van de constructie bedroeg US$726,9 miljoen in 1970. De maximumwaarde van de constructie bedroeg US$40,1 miljard in 2019.

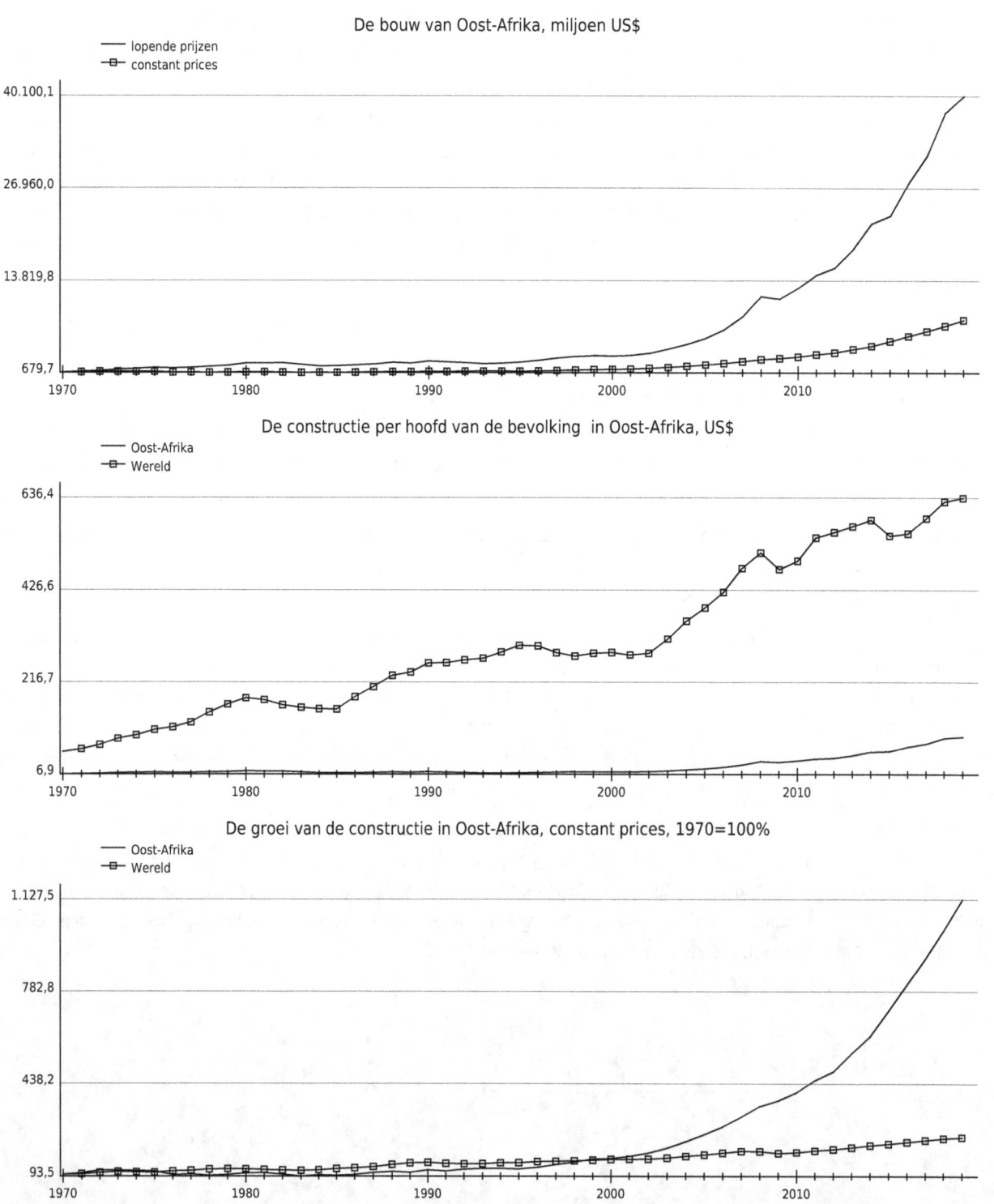

De bouw van Oost-Afrika, miljoen US$

De constructie per hoofd van de bevolking in Oost-Afrika, US$

De groei van de constructie in Oost-Afrika, constant prices, 1970=100%

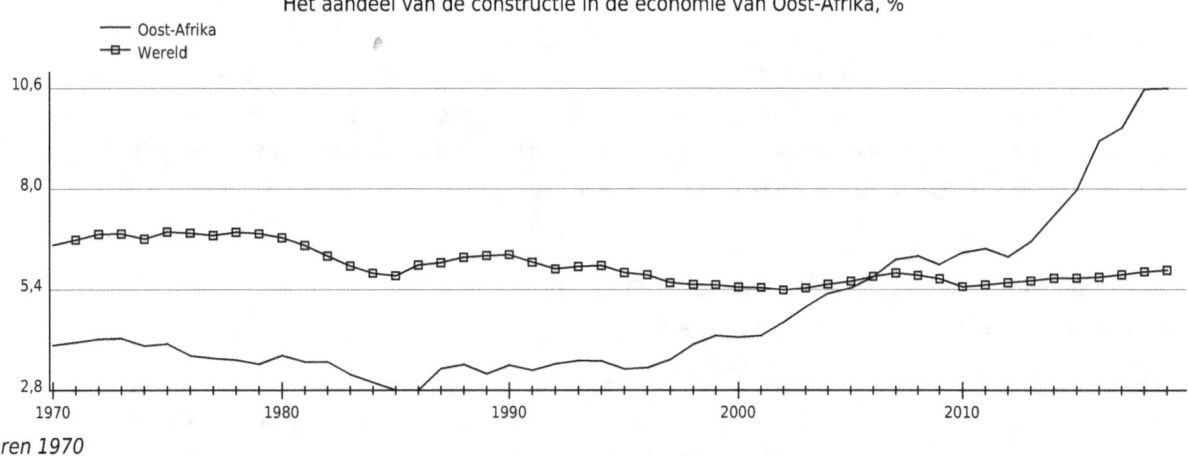

Het aandeel van de constructie in de economie van Oost-Afrika, %

de jaren 1970

De waarde van de constructie in Oost-Afrika bedroeg in de jaren 1970 US$1,2 miljard per jaar, en was vergelijkbaar met Libië (US$1,2 miljard), de Filipijnen (US$1,2 miljard). Het aandeel in de wereld was 0,28%, en 7,4% in Afrika.

Het aandeel van de constructie in de economie van Oost-Afrika was 3,8% in de jaren 1970.

De sector van de constructie per hoofd in Oost-Afrika was $10,1 in de jaren 1970s, en was vergelijkbaar met Madagaskar (US$10,1), Tanzania (US$9,9). De sector van de constructie per hoofd in Oost-Afrika was in 10,5 keer lager dan de constructie per hoofd van de bevolking in de wereld ($106,1), en was in 4,0 keer lager dan de constructie per hoofd van de bevolking in Afrika ($106,1).

De groei van de constructie in Oost-Afrika bedroeg -0.1% in de jaren 1970. De groei van de constructie in Oost-Afrika (-0,074%) was minder dan de groei van de constructie in de wereld (2,1%), was minder dan de groei van de constructie in Afrika (4,5%).

Vergelijking met subregio's. De bouw van Oost-Afrika was groter dan in Centraal-Afrika (US$1,1 miljard); maar minder dan in West-Afrika (US$8,3 miljard), in Noord-Afrika (US$4,0 miljard) en in Zuidelijk Afrika (US$1,7 miljard). De waarde van de constructie per hoofd in Oost-Afrika was in Oost-Afrika minder dan in West-Afrika (US$69,7), in Zuidelijk Afrika (US$58,8), in Noord-Afrika (US$41,9) en in Centraal-Afrika (US$25,0). De groei van de constructie in Oost-Afrika was minder dan in Noord-Afrika (7,9%), in West-Afrika (6,6%), in Zuidelijk Afrika (2,3%) en in Centraal-Afrika (1,2%).

Leiders. De constructie van Oost-Afrika in de jaren 1970 bestond uit: Zimbabwe (13,7%), Mozambique (13,7%), Kenia (13,1%), Tanzania (12,8%), Ethiopië (11,9%), en andere (34,8%). Het aandeel van de constructie in economie van de leiders: Ethiopië (4,1%), Zimbabwe (3,8%), Tanzania (3,7%), Kenia (3,3%) en Mozambique (3,2%). De sector van de constructie per hoofd in Oost-Afrika onder de leiders: Zimbabwe ($26,9), Mozambique ($16,5), Kenia ($11,9), Tanzania ($9,9) en Ethiopië ($4,4). De groei van de constructie onder de leiders: Mozambique (3,8%), Kenia (3,6%), Tanzania (1,0%), Ethiopië (-0,088%) en Zimbabwe (-2,6%).

de jaren 1980

De sector van de constructie in Oost-Afrika bedroeg in de jaren 1980 US$1,9 miljard per jaar, en was vergelijkbaar met Hongarije (US$1,9 miljard). Het aandeel in de wereld was 0,21%, en 6,5% in Afrika.

Het aandeel van de constructie in de economie van Oost-Afrika was 3,2% in de jaren 1980.

De waarde van de constructie per hoofd in Oost-Afrika was $11,6 in de jaren 1980s, en was vergelijkbaar met Lesotho (US$11,6). De toegevoegde waarde van de constructie per hoofd in Oost-Afrika was in 16,0 keer lager dan de constructie per hoofd van de bevolking in de wereld ($186,2), en was in 4,6 keer lager dan de constructie per hoofd van de bevolking in Afrika ($186,2).

De groei van de constructie in Oost-Afrika bedroeg 0.8% in de jaren 1980, en was vergelijkbaar met Congo-Kinshasa (0,82%). De groei van de constructie in Oost-Afrika (0,82%) was minder dan de groei van de constructie in de wereld (1,7%), was groter dan de groei van de constructie in Afrika (0,41%).

Vergelijking met subregio's. De toegevoegde waarde van de constructie in Oost-Afrika was minder dan in Noord-Afrika (US$12,1 miljard), in West-Afrika (US$9,7 miljard), in Zuidelijk Afrika (US$3,1 miljard) en in Centraal-Afrika (US$2,1 miljard). De sector van de constructie per hoofd in Oost-Afrika was in Oost-Afrika minder dan in Noord-Afrika (US$95,8), in Zuidelijk Afrika (US$83,5), in West-Afrika (US$62,4) en in Centraal-Afrika (US$34,6). De groei van de constructie in Oost-Afrika was groter dan in Zuidelijk Afrika

(-0,11%) en in West-Afrika (-3,3%); maar minder dan in Noord-Afrika (2,3%) en in Centraal-Afrika (0,98%).

Leiders. De sector van de constructie in Oost-Afrika in de jaren 1980 bestond uit: Kenia (16,5%), Zimbabwe (14,4%), Ethiopië (14,2%), Tanzania (12,5%), Malawi (7,2%), en andere (35,1%). Het aandeel van de constructie in economie van de leiders: Malawi (6,7%), Ethiopië (4,2%), Kenia (3,1%), Zimbabwe (2,9%) en Tanzania (2,9%). De toegevoegde waarde van de constructie per hoofd in Oost-Afrika onder de leiders: Zimbabwe ($31,2), Malawi ($18,6), Kenia ($15,9), Tanzania ($11,1) en Ethiopië ($6,3). De groei van de constructie onder de leiders: Ethiopië (2,8%), Kenia (2,0%), Zimbabwe (0,98%), Tanzania (0,79%) en Malawi (-0,53%).

de jaren 1990

De sector van de constructie in Oost-Afrika bedroeg in de jaren 1990 US$2,4 miljard per jaar, en was vergelijkbaar met Peru (US$2,4 miljard). Het aandeel in de wereld was 0,15%, en 9,8% in Afrika.

Het aandeel van de constructie in de economie van Oost-Afrika was 3,6% in de jaren 1990.

De waarde van de constructie per hoofd in Oost-Afrika was $11,1 in de jaren 1990s, en was vergelijkbaar met Malawi (US$11,2). De sector van de constructie per hoofd in Oost-Afrika was in 25,1 keer lager dan de constructie per hoofd van de bevolking in de wereld ($278,6), en was in 3,1 keer lager dan de constructie per hoofd van de bevolking in Afrika ($278,6).

De groei van de constructie in Oost-Afrika bedroeg 3.8% in de jaren 1990, en was vergelijkbaar met Anguilla (3,8%), Andorra (3,8%), Zuid-Korea (3,8%). De groei van de constructie in Oost-Afrika (3,8%) was groter dan de groei van de constructie in de wereld (0,71%), was groter dan de groei van de constructie in Afrika (2,8%).

Vergelijking met subregio's. De waarde van de constructie in Oost-Afrika was groter dan in Centraal-Afrika (US$1,9 miljard); maar minder dan in Noord-Afrika (US$12,3 miljard), in Zuidelijk Afrika (US$4,8 miljard) en in West-Afrika (US$3,1 miljard). De bouw per hoofd in Oost-Afrika was in Oost-Afrika minder dan in Zuidelijk Afrika (US$102,6), in Noord-Afrika (US$77,2), in Centraal-Afrika (US$22,8) en in West-Afrika (US$15,3). De groei van de constructie in Oost-Afrika was groter dan in Noord-Afrika (3,1%), in Centraal-Afrika (1,8%) en in Zuidelijk Afrika (-0,55%); maar minder dan in West-Afrika (4,8%).

Leiders. De sector van de constructie in Oost-Afrika in de jaren 1990 bestond uit: Tanzania (17,7%), Kenia (14,8%), Zimbabwe (10,4%), Ethiopië (10,2%), Oeganda (8,7%), en andere (38,1%). Het aandeel van de constructie in economie van de leiders: Tanzania (5,1%), Oeganda (3,8%), Kenia (3,0%), Ethiopië (2,9%) en Zimbabwe (2,3%). De sector van de constructie per hoofd in Oost-Afrika onder de leiders: Zimbabwe ($22,2), Tanzania ($14,6), Kenia ($13,0), Oeganda ($10,3) en Ethiopië ($4,4). De groei van de constructie onder de leiders: Tanzania (12,8%), Oeganda (12,3%), Kenia (1,8%), Ethiopië (1,7%) en Zimbabwe (0,19%).

de jaren 2000

De toegevoegde waarde van de constructie in Oost-Afrika bedroeg in de jaren 2000 US$6,2 miljard per jaar, en was vergelijkbaar met Hongkong (US$6,1 miljard). Het aandeel in de wereld was 0,25%, en 12,7% in Afrika.

Het aandeel van de constructie in de economie van Oost-Afrika was 5,5% in de jaren 2000, en was vergelijkbaar met Montenegro (5,5%), Libië (5,5%), Denemarken (5,5%).

De toegevoegde waarde van de constructie per hoofd in Oost-Afrika was $21,7 in de jaren 2000s, en was vergelijkbaar met Oeganda (US$21,4), Laos (US$21,3). De waarde van de constructie per hoofd in Oost-Afrika was in 17,5 keer lager dan de constructie per hoofd van de bevolking in de wereld ($381,3), en was in 2,5 keer lager dan de constructie per hoofd van de bevolking in Afrika ($381,3).

De groei van de constructie in Oost-Afrika bedroeg 9.1% in de jaren 2000, en was vergelijkbaar met Melanesië (9,0%), Bhutan (9,1%). De groei van de constructie in Oost-Afrika (9,1%) was groter dan de groei van de constructie in de wereld (1,5%), was groter dan de groei van de constructie in Afrika (8,4%).

Vergelijking met subregio's. De constructie van Oost-Afrika was groter dan in Centraal-Afrika (US$5,5 miljard); maar minder dan in Noord-Afrika (US$21,1 miljard), in West-Afrika (US$8,6 miljard) en in Zuidelijk Afrika (US$7,2 miljard). De waarde van de constructie per hoofd in Oost-Afrika was in Oost-Afrika minder dan in Zuidelijk Afrika (US$133,0), in Noord-Afrika (US$111,0), in Centraal-Afrika (US$50,0) en in West-Afrika (US$32,5). De groei van de constructie in Oost-Afrika was groter dan in Zuidelijk Afrika (8,2%), in West-Afrika (7,7%) en in Noord-Afrika (7,1%); maar minder dan in Centraal-Afrika (13,7%).

Leiders. De waarde van de constructie in Oost-Afrika in de jaren 2000 bestond uit: Tanzania (25,4%), Kenia (13,9%), Zambia (12,4%), Ethiopië (10,9%), Oeganda (9,4%), en andere (28,0%). Het aandeel van de constructie in economie van de leiders: Tanzania (9,0%),

Zambia (8,9%), Oeganda (5,5%), Ethiopië (5,0%) en Kenia (4,1%). De toegevoegde waarde van de constructie per hoofd in Oost-Afrika onder de leiders: Zambia ($65,4), Tanzania ($41,4), Kenia ($23,8), Oeganda ($21,4) en Ethiopië ($8,9). De groei van de constructie onder de leiders: Oeganda (13,3%), Zambia (12,1%), Ethiopië (11,1%), Tanzania (9,4%) en Kenia (3,8%).

de jaren 2010

De toegevoegde waarde van de constructie in Oost-Afrika bedroeg in de jaren 2010 US$24,3 miljard per jaar, en was vergelijkbaar met Venezuela (US$24,2 miljard), België (US$24,1 miljard), Argentinië (US$24,6 miljard). Het aandeel in de wereld was 0,58%, en 19,0% in Afrika.

Het aandeel van de constructie in de economie van Oost-Afrika was 8,3% in de jaren 2010, en was vergelijkbaar met Moldavië (8,3%), India (8,3%), Australië (8,3%).

De constructie per hoofd in Oost-Afrika was $63,3 in de jaren 2010s, en was vergelijkbaar met Lesotho (US$63,8). De constructie per hoofd in Oost-Afrika was in 9,0 keer lager dan de constructie per hoofd van de bevolking in de wereld ($572,1), en was 42,1% lager dan de constructie per hoofd van de bevolking in Afrika ($572,1).

De groei van de constructie in Oost-Afrika bedroeg 11.6% in de jaren 2010. De groei van de constructie in Oost-Afrika (11,6%) was groter dan de groei van de constructie in de wereld (2,9%), was groter dan de groei van de constructie in Afrika (5,8%).

Vergelijking met subregio's. De toegevoegde waarde van de constructie in Oost-Afrika was 25,5% groter dan in Centraal-Afrika (US$19,4 miljard) en 69,4% groter dan in Zuidelijk Afrika (US$14,4 miljard); maar 44,0% minder dan in Noord-Afrika (US$43,4 miljard) en 7,7% minder dan in West-Afrika (US$26,4 miljard). De toegevoegde waarde van de constructie per hoofd in Oost-Afrika was in Oost-Afrika3,6 keer minder dan in Zuidelijk Afrika (US$229,7), 3,1 keer minder dan in Noord-Afrika (US$196,1), 2,0 keer minder dan in Centraal-Afrika (US$127,3) en 16,4% minder dan in West-Afrika (US$75,8). De groei van de constructie in Oost-Afrika was groter dan in West-Afrika (6,5%), in Noord-Afrika (5,0%), in Centraal-Afrika (3,1%) en in Zuidelijk Afrika (1,3%).

Leiders. De sector van de constructie in Oost-Afrika in de jaren 2010 bestond uit: Ethiopië (30,6%), Tanzania (22,8%), Kenia (13,4%), Zambia (9,1%), Oeganda (7,9%), en andere (16,2%). Het aandeel van de constructie in economie van de leiders: Ethiopië (13,6%), Tanzania (12,5%), Zambia (9,7%), Oeganda (8,0%) en Kenia (5,4%). De sector van de constructie per hoofd in Oost-Afrika onder de leiders: Zambia ($141,0), Tanzania ($109,1), Ethiopië ($74,8), Kenia ($68,8) en Oeganda ($50,4). De groei van de constructie onder de leiders: Ethiopië (22,3%), Tanzania (12,6%), Kenia (9,8%), Oeganda (8,2%) en Zambia (3,3%).

Hoofdstuk VII. Vervoer

Transport, opslag en communicatie (ISIC I)

Het vervoer van Oost-Afrika steeg van US$2,1 miljard per jaar in de jaren 1970 tot US$24,5 miljard per jaar in de jaren 2010, dat wil zeggen met US$22,4 miljard of 11,5 keer. De verandering vond plaats op US$9,4 miljard als gevolg van een 1,6-voudige stijging van de prijzen, en ook op US$8,3 miljard als gevolg van een 2,2-voudige toename van de productiviteit , evenals op US$4,6 miljard als gevolg van de toename van de bevolking. De gemiddelde jaarlijkse groei van het transport is 5,0%. De minimumwaarde van het transport bedroeg US$1,3 miljard in 1970. De maximumwaarde van het transport bedroeg US$31,2 miljard in 2019.

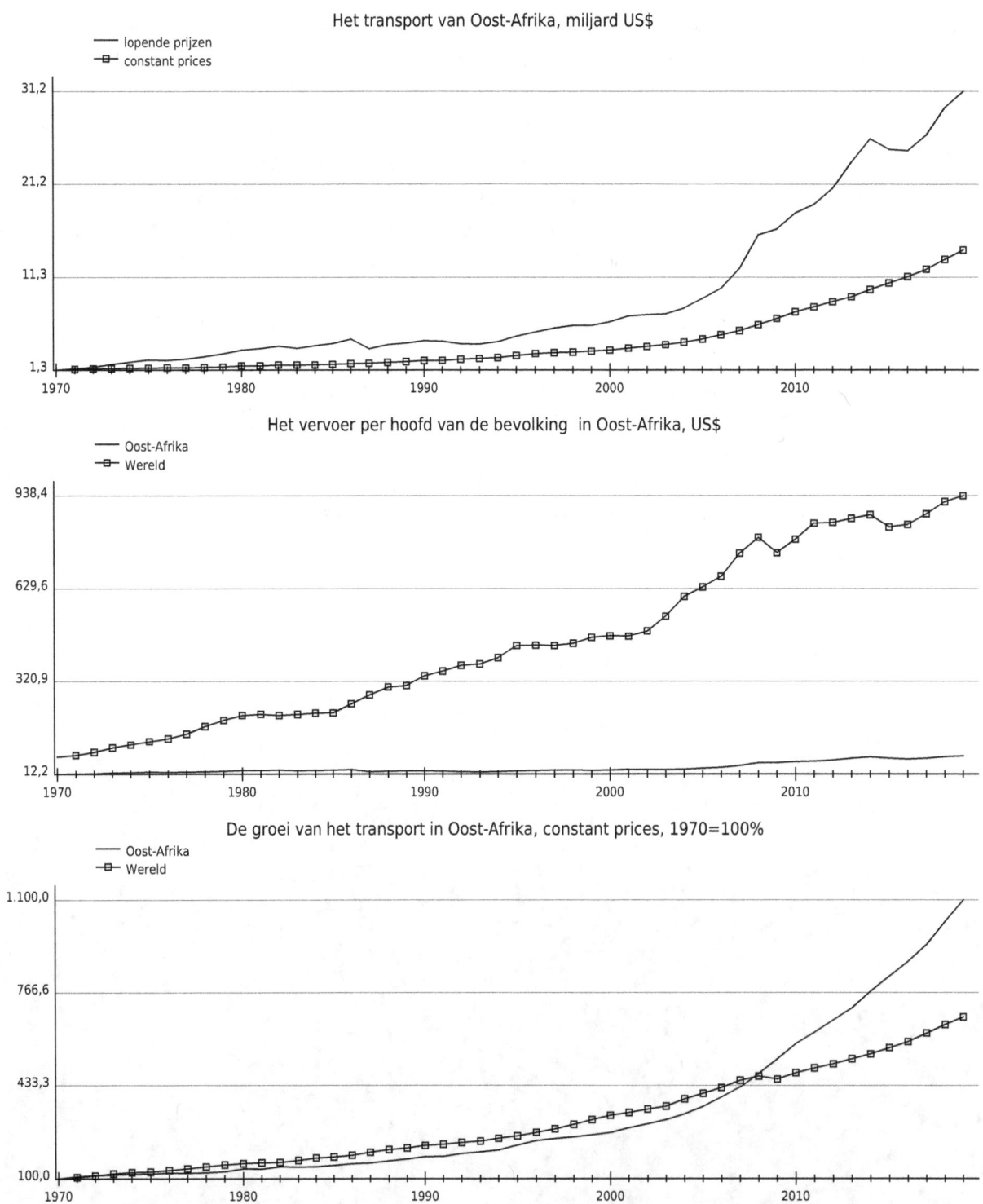

Het transport van Oost-Afrika, miljard US$

Het vervoer per hoofd van de bevolking in Oost-Afrika, US$

De groei van het transport in Oost-Afrika, constant prices, 1970=100%

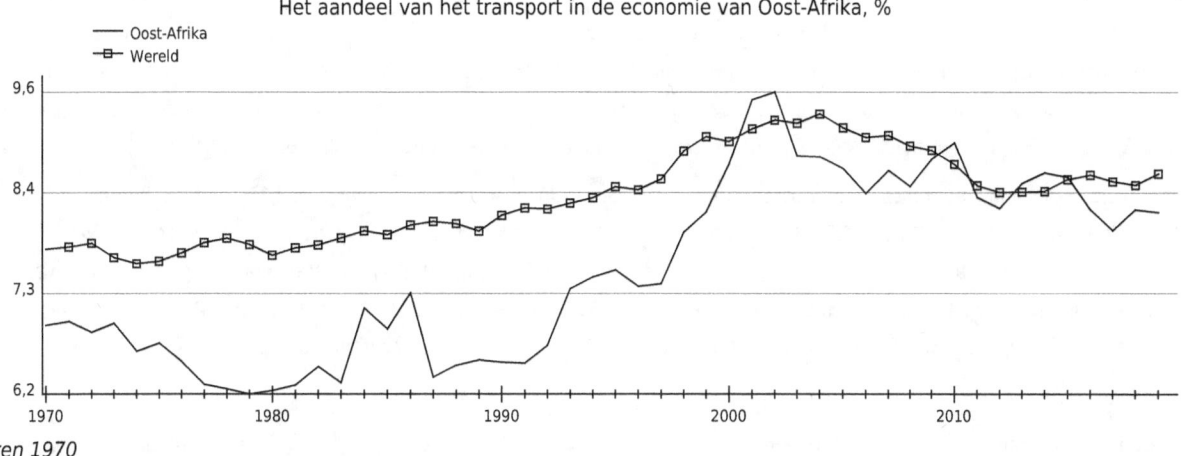

Het aandeel van het transport in de economie van Oost-Afrika, %

de jaren 1970

De waarde van het transport in Oost-Afrika bedroeg in de jaren 1970 US$2,1 miljard per jaar. Het aandeel in de wereld was 0,43%, en 9,3% in Afrika.

Het aandeel van het transport in de economie van Oost-Afrika was 6,6% in de jaren 1970, en was vergelijkbaar met Colombia (6,6%), de Bahama's (6,5%).

De toegevoegde waarde van het transport per hoofd in Oost-Afrika was $17,6 in de jaren 1970s, en was vergelijkbaar met Egypte (US$17,9), de Comoren (US$18,0). De toegevoegde waarde van het transport per hoofd in Oost-Afrika was in 6,9 keer lager dan het transport per hoofd van de bevolking in de wereld ($122,3), en was in 3,2 keer lager dan het transport per hoofd van de bevolking in Afrika ($122,3).

De groei van het transport in Oost-Afrika bedroeg 2.5% in de jaren 1970, en was vergelijkbaar met Noord-Europa (2,5%). De groei van het transport in Oost-Afrika (2,5%) was minder dan de groei van het transport in de wereld (4,6%), was minder dan de groei van het transport in Afrika (6,8%).

Vergelijking met subregio's. De waarde van het transport in Oost-Afrika was groter dan in Centraal-Afrika (US$1,7 miljard); maar minder dan in West-Afrika (US$12,7 miljard), in Zuidelijk Afrika (US$3,4 miljard) en in Noord-Afrika (US$3,1 miljard). De waarde van het transport per hoofd in Oost-Afrika was in Oost-Afrika minder dan in Zuidelijk Afrika (US$121,2), in West-Afrika (US$106,1), in Centraal-Afrika (US$36,4) en in Noord-Afrika (US$31,8). De groei van het transport in Oost-Afrika was groter dan in Centraal-Afrika (1,3%); maar minder dan in Noord-Afrika (10,7%), in West-Afrika (7,8%) en in Zuidelijk Afrika (5,5%).

Leiders. Het transport van Oost-Afrika in de jaren 1970 bestond uit: Mozambique (22,6%), Tanzania (16,5%), Zimbabwe (14,1%), Kenia (12,0%), Madagaskar (8,5%), en andere (26,3%). Het aandeel van het transport in economie van de leiders: Mozambique (9,2%), Madagaskar (8,4%), Tanzania (8,3%), Zimbabwe (6,9%) en Kenia (5,2%). De sector van het transport per hoofd in Oost-Afrika onder de leiders: Zimbabwe ($48,5), Mozambique ($47,5), Madagaskar ($24,1), Tanzania ($22,4) en Kenia ($19,0). De groei van het transport onder de leiders: Kenia (4,2%), Mozambique (3,8%), Tanzania (3,6%), Madagaskar (0,97%) en Zimbabwe (-1,2%).

de jaren 1980

De sector van het transport in Oost-Afrika bedroeg in de jaren 1980 US$3,9 miljard per jaar. Het aandeel in de wereld was 0,33%, en 7,9% in Afrika.

Het aandeel van het transport in de economie van Oost-Afrika was 6,6% in de jaren 1980, en was vergelijkbaar met Colombia (6,6%), Zuidwest-Azië (6,6%), Centraal-Amerika (6,7%).

De toegevoegde waarde van het transport per hoofd in Oost-Afrika was $23,9 in de jaren 1980s, en was vergelijkbaar met Benin (US$23,6). De waarde van het transport per hoofd in Oost-Afrika was in 10,1 keer lager dan het transport per hoofd van de bevolking in de wereld ($242,0), en was in 3,8 keer lager dan het transport per hoofd van de bevolking in Afrika ($242,0).

De groei van het transport in Oost-Afrika bedroeg 3.1% in de jaren 1980, en was vergelijkbaar met IJsland (3,1%). De groei van het transport in Oost-Afrika (3,1%) was minder dan de groei van het transport in de wereld (3,4%), was groter dan de groei van het transport in Afrika (-0,23%).

Vergelijking met subregio's. De toegevoegde waarde van het transport in Oost-Afrika was groter dan in Centraal-Afrika (US$3,4 miljard); maar minder dan in West-Afrika (US$25,3 miljard), in Noord-Afrika (US$9,0 miljard) en in Zuidelijk Afrika (US$7,4 miljard). De sector van het transport per hoofd in Oost-Afrika was in Oost-Afrika minder dan in Zuidelijk Afrika (US$201,2), in West-Afrika (US$161,7), in Noord-Afrika (US$71,3) en in Centraal-Afrika (US$56,4). De groei van het transport in Oost-Afrika was groter dan in Zuidelijk Afrika (2,2%), in Centraal-Afrika (2,1%) en in West-Afrika (-4,0%); maar minder dan in Noord-Afrika (4,8%).

Leiders. De waarde van het transport in Oost-Afrika in de jaren 1980 bestond uit: Tanzania (18,1%), Mozambique (17,5%), Kenia (15,4%), Zimbabwe (13,9%), Ethiopië (10,3%), en andere (24,8%). Het aandeel van het transport in economie van de leiders: Mozambique (11,3%), Tanzania (8,5%), Ethiopië (6,3%), Kenia (6,0%) en Zimbabwe (5,8%). Het transport per hoofd in Oost-Afrika onder de leiders: Zimbabwe ($61,6), Mozambique ($54,6), Tanzania ($32,9), Kenia ($30,6) en Ethiopië ($9,5). De groei van het transport onder de leiders: Ethiopië (5,8%), Kenia (5,5%), Zimbabwe (4,1%), Tanzania (1,3%) en Mozambique (-1,1%).

de jaren 1990

De waarde van het transport in Oost-Afrika bedroeg in de jaren 1990 US$4,9 miljard per jaar, en was vergelijkbaar met Nieuw-Zeeland (US$5,1 miljard). Het aandeel in de wereld was 0,21%, en 11,1% in Afrika.

Het aandeel van het transport in de economie van Oost-Afrika was 7,4% in de jaren 1990, en was vergelijkbaar met Portugal (7,3%), Zuid-Azië (7,3%), Palau (7,4%).

De waarde van het transport per hoofd in Oost-Afrika was $22,9 in de jaren 1990s. De sector van het transport per hoofd in Oost-Afrika was in 17,9 keer lager dan het transport per hoofd van de bevolking in de wereld ($409,5), en was in 2,8 keer lager dan het transport per hoofd van de bevolking in Afrika ($409,5).

De groei van het transport in Oost-Afrika bedroeg 4.2% in de jaren 1990, en was vergelijkbaar met Portugal (4,1%), Israël (4,2%). De groei van het transport in Oost-Afrika (4,2%) was groter dan de groei van het transport in de wereld (4,0%), was groter dan de groei van het transport in Afrika (3,3%).

Vergelijking met subregio's. Het vervoer van Oost-Afrika was groter dan in Centraal-Afrika (US$3,6 miljard); maar minder dan in Noord-Afrika (US$16,9 miljard), in Zuidelijk Afrika (US$12,9 miljard) en in West-Afrika (US$6,4 miljard). De toegevoegde waarde van het transport per hoofd in Oost-Afrika was in Oost-Afrika minder dan in Zuidelijk Afrika (US$275,5), in Noord-Afrika (US$105,8), in Centraal-Afrika (US$43,7) en in West-Afrika (US$31,6). De groei van het transport in Oost-Afrika was groter dan in Noord-Afrika (3,9%), in West-Afrika (2,9%) en in Centraal-Afrika (-0,72%); maar minder dan in Zuidelijk Afrika (4,2%).

Leiders. De sector van het transport in Oost-Afrika in de jaren 1990 bestond uit: Tanzania (20,9%), Kenia (17,1%), Zimbabwe (11,4%), Mozambique (10,3%), Mauritius (7,3%), en andere (33,0%). Het aandeel van het transport in economie van de leiders: Mozambique (14,3%), Tanzania (12,6%), Mauritius (11,2%), Kenia (7,2%) en Zimbabwe (5,2%). Het vervoer per hoofd in Oost-Afrika onder de leiders: Mauritius ($322,3), Zimbabwe ($49,9), Tanzania ($35,6), Mozambique ($33,8) en Kenia ($30,9). De groei van het transport onder de leiders: Mozambique (8,8%), Mauritius (7,2%), Zimbabwe (4,8%), Tanzania (4,0%) en Kenia (2,2%).

de jaren 2000

De sector van het transport in Oost-Afrika bedroeg in de jaren 2000 US$9,9 miljard per jaar, en was vergelijkbaar met Oekraïne (US$9,9 miljard), Maleisië (US$9,8 miljard). Het aandeel in de wereld was 0,25%, en 11,0% in Afrika.

Het aandeel van het transport in de economie van Oost-Afrika was 8,8% in de jaren 2000, en was vergelijkbaar met Albanië (8,8%), Uruguay (8,8%), Noord-Afrika (8,8%).

De toegevoegde waarde van het transport per hoofd in Oost-Afrika was $34,8 in de jaren 2000s, en was vergelijkbaar met Cambodja (US$35,2). Het transport per hoofd in Oost-Afrika was in 17,8 keer lager dan het transport per hoofd van de bevolking in de wereld ($621,1), en was in 2,9 keer lager dan het transport per hoofd van de bevolking in Afrika ($621,1).

De groei van het transport in Oost-Afrika bedroeg 7.5% in de jaren 2000, en was vergelijkbaar met Bulgarije (7,4%), Bangladesh (7,5%), Cambodja (7,6%). De groei van het transport in Oost-Afrika (7,5%) was groter dan de groei van het transport in de wereld (3,9%), was minder dan de groei van het transport in Afrika (7,8%).

Vergelijking met subregio's. De waarde van het transport in Oost-Afrika was groter dan in Centraal-Afrika (US$6,1 miljard); maar minder dan in Noord-Afrika (US$32,6 miljard), in Zuidelijk Afrika (US$22,1 miljard) en in West-Afrika (US$19,3 miljard). De sector van het transport per hoofd in Oost-Afrika was in Oost-Afrika minder dan in Zuidelijk Afrika (US$405,7), in Noord-Afrika (US$171,1), in

West-Afrika (US$72,9) en in Centraal-Afrika (US$55,3). De groei van het transport in Oost-Afrika was groter dan in Centraal-Afrika (7,0%) en in Zuidelijk Afrika (5,6%); maar minder dan in West-Afrika (8,9%) en in Noord-Afrika (7,9%).

Leiders. De sector van het transport in Oost-Afrika in de jaren 2000 bestond uit: Kenia (20,2%), Tanzania (19,1%), Mozambique (10,1%), Oeganda (8,0%), Mauritius (7,1%), en andere (35,5%). Het aandeel van het transport in economie van de leiders: Mozambique (13,6%), Mauritius (11,8%), Tanzania (10,9%), Kenia (9,6%) en Oeganda (7,5%). De toegevoegde waarde van het transport per hoofd in Oost-Afrika onder de leiders: Mauritius ($577,4), Kenia ($55,4), Tanzania ($49,9), Mozambique ($49,8) en Oeganda ($29,0). De groei van het transport onder de leiders: Oeganda (14,9%), Mauritius (8,9%), Kenia (8,2%), Tanzania (7,6%) en Mozambique (7,3%).

de jaren 2010

De waarde van het transport in Oost-Afrika bedroeg in de jaren 2010 US$24,5 miljard per jaar, en was vergelijkbaar met de Caraïben (US$24,4 miljard). Het aandeel in de wereld was 0,39%, en 12,1% in Afrika.

Het aandeel van het transport in de economie van Oost-Afrika was 8,4% in de jaren 2010, en was vergelijkbaar met Cambodja (8,4%), Spanje (8,4%), Portugal (8,4%).

Het transport per hoofd in Oost-Afrika was $63,7 in de jaren 2010s, en was vergelijkbaar met Lesotho (US$62,9). De sector van het transport per hoofd in Oost-Afrika was in 13,6 keer lager dan het transport per hoofd van de bevolking in de wereld ($864,8), en was in 2,7 keer lager dan het transport per hoofd van de bevolking in Afrika ($864,8).

De groei van het transport in Oost-Afrika bedroeg 7.6% in de jaren 2010, en was vergelijkbaar met Burkina Faso (7,6%), Oezbekistan (7,6%), Cambodja (7,7%). De groei van het transport in Oost-Afrika (7,6%) was groter dan de groei van het transport in de wereld (4,0%), was groter dan de groei van het transport in Afrika (3,8%).

Vergelijking met subregio's. De waarde van het transport in Oost-Afrika was 67,8% groter dan in Centraal-Afrika (US$14,6 miljard); maar 2,9 keer minder dan in West-Afrika (US$70,0 miljard), 2,5 keer minder dan in Noord-Afrika (US$60,3 miljard) en 27,0% minder dan in Zuidelijk Afrika (US$33,5 miljard). De sector van het transport per hoofd in Oost-Afrika was in Oost-Afrika8,4 keer minder dan in Zuidelijk Afrika (US$536,4), 4,3 keer minder dan in Noord-Afrika (US$272,4), 3,2 keer minder dan in West-Afrika (US$201,2) en 33,5% minder dan in Centraal-Afrika (US$95,8). De groei van het transport in Oost-Afrika was groter dan in Centraal-Afrika (5,1%), in Noord-Afrika (4,2%), in West-Afrika (2,9%) en in Zuidelijk Afrika (2,1%).

Leiders. De toegevoegde waarde van het transport in Oost-Afrika in de jaren 2010 bestond uit: Kenia (24,7%), Tanzania (17,0%), Ethiopië (9,7%), Zimbabwe (8,2%), Zambia (7,2%), en andere (33,2%). Het aandeel van het transport in economie van de leiders: Zimbabwe (11,8%), Kenia (10,1%), Tanzania (9,4%), Zambia (7,8%) en Ethiopië (4,3%). De waarde van het transport per hoofd in Oost-Afrika onder de leiders: Zimbabwe ($147,1), Kenia ($127,9), Zambia ($113,0), Tanzania ($81,6) en Ethiopië ($23,8). De groei van het transport onder de leiders: Ethiopië (13,5%), Tanzania (8,5%), Kenia (7,7%), Zambia (7,4%) en Zimbabwe (2,5%).

Hoofdstuk VIII. Handel

Groothandel, detailhandel, restaurants en hotels (ISIC G-H)

De sector van de handel in Oost-Afrika steeg van US$4,1 miljard per jaar in de jaren 1970 tot US$44,0 miljard per jaar in de jaren 2010, dat wil zeggen met US$39,9 miljard of 10,8 keer. De verandering vond plaats op US$22,2 miljard als gevolg van een 2,0-voudige stijging van de prijzen, en ook op US$8,9 miljard als gevolg van een 1,7-voudige toename van de productiviteit , evenals op US$8,9 miljard als gevolg van de toename van de bevolking. De gemiddelde jaarlijkse groei van de handel is 4,3%. De minimumwaarde van de handel bedroeg US$2,3 miljard in 1970. De maximumwaarde van de handel bedroeg US$55,3 miljard in 2019.

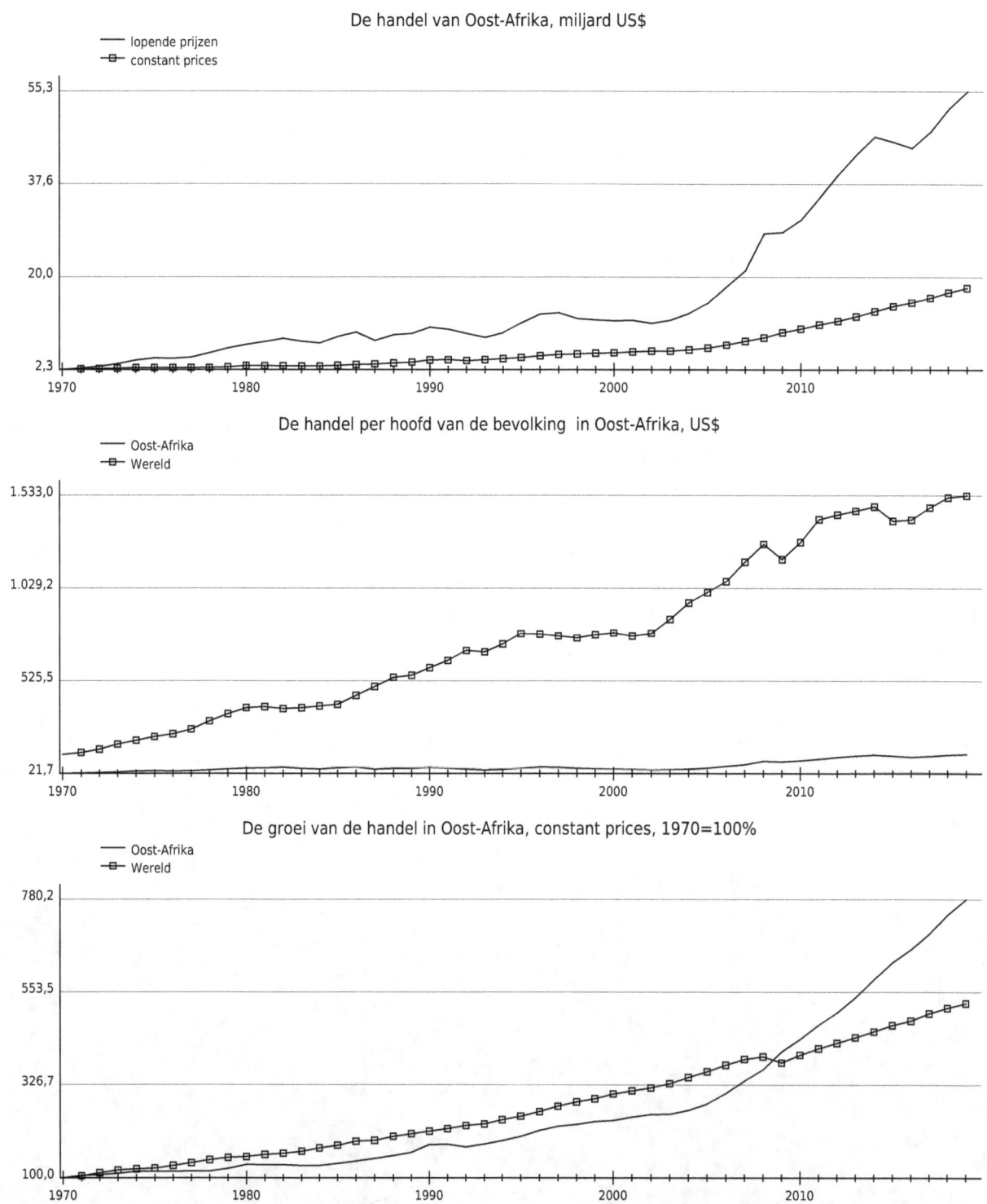

De handel van Oost-Afrika, miljard US$

De handel per hoofd van de bevolking in Oost-Afrika, US$

De groei van de handel in Oost-Afrika, constant prices, 1970=100%

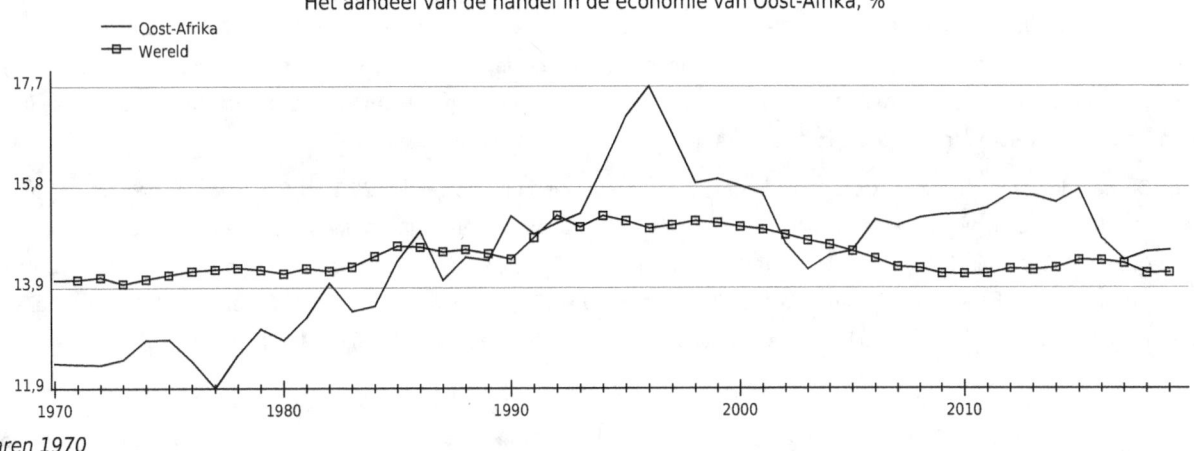

Het aandeel van de handel in de economie van Oost-Afrika, %

de jaren 1970

De waarde van de handel in Oost-Afrika bedroeg in de jaren 1970 US$4,1 miljard per jaar, en was vergelijkbaar met Zuid-Korea (US$4,1 miljard). Het aandeel in de wereld was 0,46%, en 13,4% in Afrika.

Het aandeel van de handel in de economie van Oost-Afrika was 12,6% in de jaren 1970, en was vergelijkbaar met Togo (12,6%), de Filipijnen (12,5%), Angola (12,7%).

De toegevoegde waarde van de handel per hoofd in Oost-Afrika was $33,7 in de jaren 1970s, en was vergelijkbaar met Myanmar (US$33,3), Soedan (US$34,1). De toegevoegde waarde van de handel per hoofd in Oost-Afrika was in 6,6 keer lager dan de handel per hoofd van de bevolking in de wereld ($221,0), en was in 2,2 keer lager dan de handel per hoofd van de bevolking in Afrika ($221,0).

De groei van de handel in Oost-Afrika bedroeg 2.3% in de jaren 1970. De groei van de handel in Oost-Afrika (2,3%) was minder dan de groei van de handel in de wereld (4,5%), was minder dan de groei van de handel in Afrika (4,6%).

Vergelijking met subregio's. De handel van Oost-Afrika was groter dan in Centraal-Afrika (US$3,3 miljard); maar minder dan in West-Afrika (US$11,6 miljard), in Noord-Afrika (US$6,7 miljard) en in Zuidelijk Afrika (US$4,6 miljard). De sector van de handel per hoofd in Oost-Afrika was in Oost-Afrika minder dan in Zuidelijk Afrika (US$163,1), in West-Afrika (US$97,4), in Centraal-Afrika (US$71,7) en in Noord-Afrika (US$69,8). De groei van de handel in Oost-Afrika was groter dan in Centraal-Afrika (1,8%); maar minder dan in Noord-Afrika (7,7%), in West-Afrika (5,4%) en in Zuidelijk Afrika (2,8%).

Leiders. De toegevoegde waarde van de handel in Oost-Afrika in de jaren 1970 bestond uit: Zimbabwe (25,1%), Tanzania (15,3%), Mozambique (11,8%), Ethiopië (8,4%), Madagaskar (8,4%), en andere (31,0%). Het aandeel van de handel in economie van de leiders: Zimbabwe (23,2%), Madagaskar (15,8%), Tanzania (14,7%), Ethiopië (9,7%) en Mozambique (9,3%). De toegevoegde waarde van de handel per hoofd in Oost-Afrika onder de leiders: Zimbabwe ($164,4), Mozambique ($47,5), Madagaskar ($45,6), Tanzania ($39,7) en Ethiopië ($10,3). De groei van de handel onder de leiders: Mozambique (3,9%), Zimbabwe (1,9%), Ethiopië (1,8%), Tanzania (1,2%) en Madagaskar (0,97%).

de jaren 1980

De waarde van de handel in Oost-Afrika bedroeg in de jaren 1980 US$8,2 miljard per jaar, en was vergelijkbaar met Finland (US$8,0 miljard), Saoedi-Arabië (US$8,0 miljard). Het aandeel in de wereld was 0,39%, en 12,4% in Afrika.

Het aandeel van de handel in de economie van Oost-Afrika was 13,9% in de jaren 1980, en was vergelijkbaar met Algerije (13,9%), Azië (14,0%), Paraguay (14,0%).

De toegevoegde waarde van de handel per hoofd in Oost-Afrika was $50,4 in de jaren 1980s, en was vergelijkbaar met Tuvalu (US$50,0), Sierra Leone (US$49,9), Benin (US$51,0). De sector van de handel per hoofd in Oost-Afrika was in 8,7 keer lager dan de handel per hoofd van de bevolking in de wereld ($437,7), en was in 2,4 keer lager dan de handel per hoofd van de bevolking in Afrika ($437,7).

De groei van de handel in Oost-Afrika bedroeg 2.8% in de jaren 1980, en was vergelijkbaar met Centraal-Afrika (2,8%), Cambodja (2,8%), de Seychellen (2,8%). De groei van de handel in Oost-Afrika (2,8%) was minder dan de groei van de handel in de wereld (3,3%), was groter dan de groei van de handel in Afrika (2,7%).

Vergelijking met subregio's. De sector van de handel in Oost-Afrika was groter dan in Centraal-Afrika (US$5,4 miljard); maar minder dan in West-Afrika (US$23,7 miljard), in Noord-Afrika (US$18,5 miljard) en in Zuidelijk Afrika (US$10,2 miljard). De sector van de handel per hoofd in Oost-Afrika was in Oost-Afrika minder dan in Zuidelijk Afrika (US$277,1), in West-Afrika (US$151,9), in Noord-Afrika (US$146,4) en in Centraal-Afrika (US$90,2). De groei van de handel in Oost-Afrika was groter dan in West-Afrika (0,47%); maar minder dan in Noord-Afrika (4,9%), in Zuidelijk Afrika (3,2%) en in Centraal-Afrika (2,8%).

Leiders. De waarde van de handel in Oost-Afrika in de jaren 1980 bestond uit: Zimbabwe (29,1%), Tanzania (15,7%), Oeganda (9,2%), Mozambique (8,3%), Ethiopië (8,3%), en andere (29,4%). Het aandeel van de handel in economie van de leiders: Zimbabwe (25,5%), Oeganda (16,3%), Tanzania (15,5%), Mozambique (11,4%) en Ethiopië (10,6%). De waarde van de handel per hoofd in Oost-Afrika onder de leiders: Zimbabwe ($271,9), Tanzania ($60,2), Mozambique ($54,7), Oeganda ($51,9) en Ethiopië ($16,1). De groei van de handel onder de leiders: Oeganda (3,3%), Ethiopië (2,9%), Zimbabwe (2,8%), Tanzania (2,4%) en Mozambique (-1,3%).

de jaren 1990

De sector van de handel in Oost-Afrika bedroeg in de jaren 1990 US$10,8 miljard per jaar, en was vergelijkbaar met Singapore (US$10,8 miljard), Maleisië (US$10,9 miljard). Het aandeel in de wereld was 0,26%, en 12,7% in Afrika.

Het aandeel van de handel in de economie van Oost-Afrika was 16,1% in de jaren 1990, en was vergelijkbaar met Cambodja (16,2%).

De sector van de handel per hoofd in Oost-Afrika was $50,0 in de jaren 1990s, en was vergelijkbaar met Irak (US$49,6), Tanzania (US$49,5). De sector van de handel per hoofd in Oost-Afrika was in 14,4 keer lager dan de handel per hoofd van de bevolking in de wereld ($721,8), en was in 2,4 keer lager dan de handel per hoofd van de bevolking in Afrika ($721,8).

De groei van de handel in Oost-Afrika bedroeg 3.9% in de jaren 1990, en was vergelijkbaar met Luxemburg (3,9%), de Comoren (3,9%), Denemarken (3,9%). De groei van de handel in Oost-Afrika (3,9%) was groter dan de groei van de handel in de wereld (3,5%), was groter dan de groei van de handel in Afrika (2,8%).

Vergelijking met subregio's. De toegevoegde waarde van de handel in Oost-Afrika was groter dan in Centraal-Afrika (US$6,0 miljard); maar minder dan in Noord-Afrika (US$30,2 miljard), in Zuidelijk Afrika (US$19,6 miljard) en in West-Afrika (US$18,5 miljard). De sector van de handel per hoofd in Oost-Afrika was in Oost-Afrika minder dan in Zuidelijk Afrika (US$420,4), in Noord-Afrika (US$189,4), in West-Afrika (US$91,1) en in Centraal-Afrika (US$73,5). De groei van de handel in Oost-Afrika was groter dan in West-Afrika (2,5%), in Zuidelijk Afrika (2,1%) en in Centraal-Afrika (-1,3%); maar minder dan in Noord-Afrika (4,3%).

Leiders. De handel van Oost-Afrika in de jaren 1990 bestond uit: Zimbabwe (28,7%), Tanzania (13,3%), Ethiopië (10,2%), Kenia (9,0%), Oeganda (7,2%), en andere (31,6%). Het aandeel van de handel in economie van de leiders: Zimbabwe (28,5%), Tanzania (17,5%), Oeganda (14,2%), Ethiopië (13,1%) en Kenia (8,2%). De toegevoegde waarde van de handel per hoofd in Oost-Afrika onder de leiders: Zimbabwe ($275,8), Tanzania ($49,5), Oeganda ($38,5), Kenia ($35,5) en Ethiopië ($19,5). De groei van de handel onder de leiders: Oeganda (8,8%), Ethiopië (4,4%), Tanzania (4,1%), Zimbabwe (3,8%) en Kenia (2,8%).

de jaren 2000

De toegevoegde waarde van de handel in Oost-Afrika bedroeg in de jaren 2000 US$17,0 miljard per jaar, en was vergelijkbaar met Tsjechië (US$17,0 miljard). Het aandeel in de wereld was 0,26%, en 11,4% in Afrika.

Het aandeel van de handel in de economie van Oost-Afrika was 15,0% in de jaren 2000, en was vergelijkbaar met Saint Kitts en Nevis (15,0%), Curaçao (15,0%), Malawi (15,0%).

De handel per hoofd in Oost-Afrika was $59,5 in de jaren 2000s, en was vergelijkbaar met Oeganda (US$59,2). De toegevoegde waarde van de handel per hoofd in Oost-Afrika was in 16,6 keer lager dan de handel per hoofd van de bevolking in de wereld ($990,3), en was in 2,8 keer lager dan de handel per hoofd van de bevolking in Afrika ($990,3).

De groei van de handel in Oost-Afrika bedroeg 5.6% in de jaren 2000, en was vergelijkbaar met Oman (5,5%), Zuidoost-Azië (5,5%), Malawi (5,6%). De groei van de handel in Oost-Afrika (5,6%) was groter dan de groei van de handel in de wereld (2,7%), was minder dan de groei van de handel in Afrika (5,9%).

Vergelijking met subregio's. De sector van de handel in Oost-Afrika was groter dan in Centraal-Afrika (US$13,0 miljard); maar minder dan in Noord-Afrika (US$45,8 miljard), in West-Afrika (US$42,6 miljard) en in Zuidelijk Afrika (US$30,3 miljard). De sector van de handel per hoofd in Oost-Afrika was in Oost-Afrika minder dan in Zuidelijk Afrika (US$557,8), in Noord-Afrika (US$240,7), in West-Afrika (US$160,4) en in Centraal-Afrika (US$116,9). De groei van de handel in Oost-Afrika was groter dan in Noord-Afrika (4,5%)

en in Zuidelijk Afrika (4,0%); maar minder dan in West-Afrika (8,0%) en in Centraal-Afrika (7,8%).

Leiders. De waarde van de handel in Oost-Afrika in de jaren 2000 bestond uit: Tanzania (14,4%), Ethiopië (12,7%), Kenia (11,9%), Zambia (11,5%), Zimbabwe (10,3%), en andere (39,2%). Het aandeel van de handel in economie van de leiders: Zimbabwe (24,0%), Zambia (22,6%), Ethiopië (16,1%), Tanzania (14,0%) en Kenia (9,6%). De waarde van de handel per hoofd in Oost-Afrika onder de leiders: Zambia ($165,8), Zimbabwe ($144,5), Tanzania ($64,2), Kenia ($55,9) en Ethiopië ($28,6). De groei van de handel onder de leiders: Ethiopië (10,1%), Zambia (6,7%), Tanzania (6,6%), Kenia (4,4%) en Zimbabwe (-1,0%).

de jaren 2010

De sector van de handel in Oost-Afrika bedroeg in de jaren 2010 US$44,0 miljard per jaar. Het aandeel in de wereld was 0,42%, en 12,9% in Afrika.

Het aandeel van de handel in de economie van Oost-Afrika was 15,1% in de jaren 2010, en was vergelijkbaar met Macau (15,1%), Zuidelijk Afrika (15,1%), de Nederland (15,2%).

De handel per hoofd in Oost-Afrika was $114,5 in de jaren 2010s, en was vergelijkbaar met Kiribati (US$112,2), Kenia (US$116,9), Nepal (US$116,9). De handel per hoofd in Oost-Afrika was in 12,5 keer lager dan de handel per hoofd van de bevolking in de wereld ($1.436,8), en was in 2,5 keer lager dan de handel per hoofd van de bevolking in Afrika ($1.436,8).

De groei van de handel in Oost-Afrika bedroeg 6.7% in de jaren 2010, en was vergelijkbaar met de Maldiven (6,7%), Moldavië (6,7%), de Filipijnen (6,7%). De groei van de handel in Oost-Afrika (6,7%) was groter dan de groei van de handel in de wereld (3,3%), was groter dan de groei van de handel in Afrika (3,4%).

Vergelijking met subregio's. De toegevoegde waarde van de handel in Oost-Afrika was 14,7% groter dan in Centraal-Afrika (US$38,4 miljard); maar 2,5 keer minder dan in West-Afrika (US$109,3 miljard), 2,2 keer minder dan in Noord-Afrika (US$95,7 miljard) en 17,6% minder dan in Zuidelijk Afrika (US$53,4 miljard). De handel per hoofd in Oost-Afrika was in Oost-Afrika7,5 keer minder dan in Zuidelijk Afrika (US$853,8), 3,8 keer minder dan in Noord-Afrika (US$432,5), 2,7 keer minder dan in West-Afrika (US$314,3) en 2,2 keer minder dan in Centraal-Afrika (US$251,9). De groei van de handel in Oost-Afrika was groter dan in Noord-Afrika (3,2%), in West-Afrika (3,1%), in Centraal-Afrika (2,9%) en in Zuidelijk Afrika (2,3%).

Leiders. De waarde van de handel in Oost-Afrika in de jaren 2010 bestond uit: Ethiopië (21,7%), Kenia (12,6%), Tanzania (12,4%), Zambia (12,3%), Oeganda (9,4%), en andere (31,5%). Het aandeel van de handel in economie van de leiders: Zambia (23,8%), Ethiopië (17,4%), Oeganda (17,3%), Tanzania (12,3%) en Kenia (9,2%). De sector van de handel per hoofd in Oost-Afrika onder de leiders: Zambia ($346,0), Kenia ($116,9), Oeganda ($109,3), Tanzania ($107,4) en Ethiopië ($95,9). De groei van de handel onder de leiders: Ethiopië (11,7%), Kenia (6,3%), Zambia (6,2%), Tanzania (6,2%) en Oeganda (5,3%).

Hoofdstuk IX. Diensten

(ISIC J-P)

De sector van de diensten in Oost-Afrika steeg van US$7,7 miljard per jaar in de jaren 1970 tot US$76,6 miljard per jaar in de jaren 2010, dat wil zeggen met US$68,9 miljard of 9,9 keer. De verandering vond plaats op US$33,0 miljard als gevolg van een 1,8-voudige stijging van de prijzen, en ook op US$19,0 miljard als gevolg van een 1,8-voudige toename van de productiviteit , evenals op US$16,8 miljard als gevolg van de toename van de bevolking. De gemiddelde jaarlijkse groei van de diensten is 4,6%. De minimumwaarde van de diensten bedroeg US$4,2 miljard in 1970. De maximumwaarde van de diensten bedroeg US$95,1 miljard in 2019.

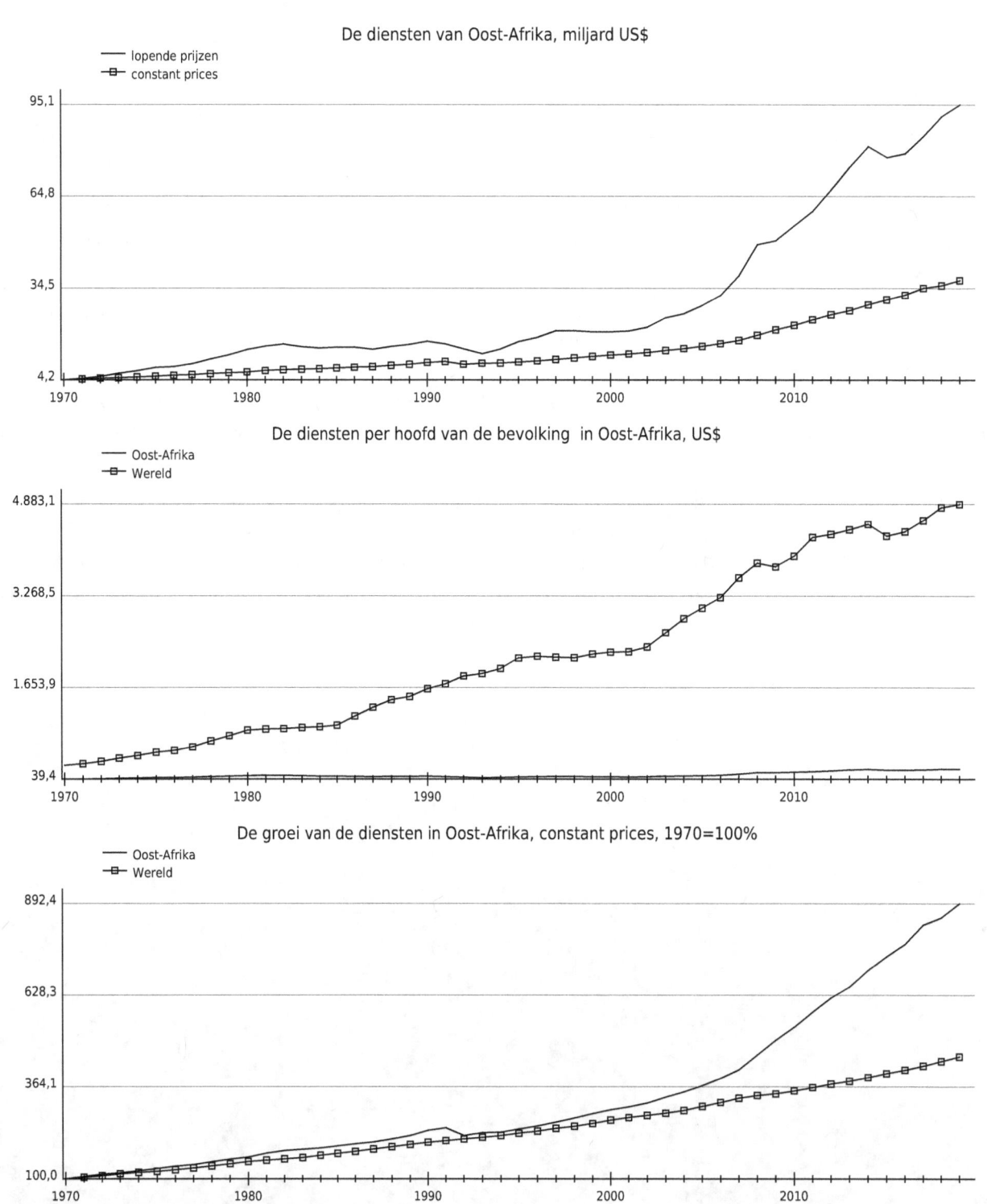

De diensten van Oost-Afrika, miljard US$

De diensten per hoofd van de bevolking in Oost-Afrika, US$

De groei van de diensten in Oost-Afrika, constant prices, 1970=100%

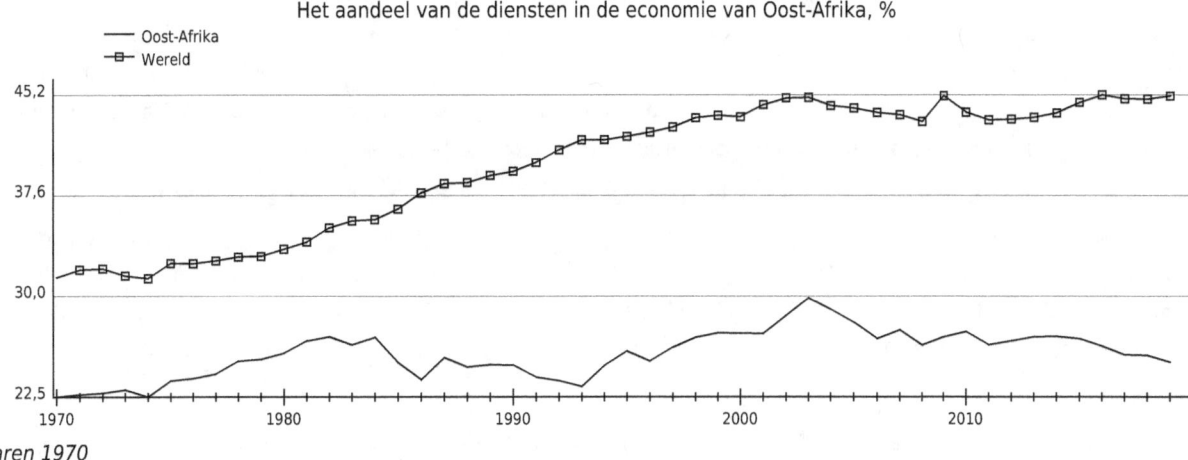

Het aandeel van de diensten in de economie van Oost-Afrika, %

de jaren 1970

De toegevoegde waarde van de diensten in Oost-Afrika bedroeg in de jaren 1970 US$7,7 miljard per jaar. Het aandeel in de wereld was 0,38%, en 12,0% in Afrika.

Het aandeel van de diensten in de economie van Oost-Afrika was 23,8% in de jaren 1970, en was vergelijkbaar met Oeganda (23,8%), Azië (23,9%).

De diensten per hoofd in Oost-Afrika waren $63,9 in de jaren 1970s. De toegevoegde waarde van de diensten per hoofd in Oost-Afrika was in 7,9 keer lager dan de diensten per hoofd van de bevolking in de wereld ($506,9), en was in 2,4 keer lager dan de diensten per hoofd van de bevolking in Afrika ($506,9).

De groei van de diensten in Oost-Afrika bedroeg 5.1% in de jaren 1970, en was vergelijkbaar met België (5,1%). De groei van de diensten in Oost-Afrika (5,1%) was groter dan de groei van de diensten in de wereld (4,1%), was minder dan de groei van de diensten in Afrika (5,5%).

Vergelijking met subregio's. De sector van de diensten in Oost-Afrika was groter dan in Centraal-Afrika (US$5,6 miljard); maar minder dan in West-Afrika (US$26,4 miljard), in Noord-Afrika (US$14,4 miljard) en in Zuidelijk Afrika (US$9,9 miljard). De waarde van de diensten per hoofd in Oost-Afrika was in Oost-Afrika minder dan in Zuidelijk Afrika (US$352,6), in West-Afrika (US$221,4), in Noord-Afrika (US$149,1) en in Centraal-Afrika (US$122,2). De groei van de diensten in Oost-Afrika was groter dan in Zuidelijk Afrika (3,8%) en in Centraal-Afrika (1,2%); maar minder dan in West-Afrika (9,3%) en in Noord-Afrika (8,6%).

Leiders. De toegevoegde waarde van de diensten in Oost-Afrika in de jaren 1970 bestond uit: Tanzania (21,4%), Kenia (19,6%), Zimbabwe (14,3%), Ethiopië (8,6%), Mozambique (8,0%), en andere (28,3%). Het aandeel van de diensten in economie van de leiders: Tanzania (38,8%), Kenia (30,9%), Zimbabwe (25,1%), Ethiopië (18,6%) en Mozambique (11,8%). De waarde van de diensten per hoofd in Oost-Afrika onder de leiders: Zimbabwe ($177,3), Kenia ($112,5), Tanzania ($105,0), Mozambique ($60,7) en Ethiopië ($19,8). De groei van de diensten onder de leiders: Tanzania (8,4%), Kenia (7,2%), Ethiopië (6,5%), Mozambique (3,9%) en Zimbabwe (3,4%).

de jaren 1980

De sector van de diensten in Oost-Afrika bedroeg in de jaren 1980 US$15,0 miljard per jaar. Het aandeel in de wereld was 0,28%, en 11,8% in Afrika.

Het aandeel van de diensten in de economie van Oost-Afrika was 25,6% in de jaren 1980, en was vergelijkbaar met Kiribati (25,6%), Costa Rica (25,6%), Oost-Europa (25,6%).

De toegevoegde waarde van de diensten per hoofd in Oost-Afrika was $92,5 in de jaren 1980s, en was vergelijkbaar met Egypte (US$94,0), Zuid-Azië (US$94,8). De toegevoegde waarde van de diensten per hoofd in Oost-Afrika was in 12,1 keer lager dan de diensten per hoofd van de bevolking in de wereld ($1.115,5), en was in 2,5 keer lager dan de diensten per hoofd van de bevolking in Afrika ($1.115,5).

De groei van de diensten in Oost-Afrika bedroeg 3.6% in de jaren 1980, en was vergelijkbaar met de Filipijnen (3,6%). De groei van de diensten in Oost-Afrika (3,6%) was groter dan de groei van de diensten in de wereld (3,3%), was minder dan de groei van de diensten in Afrika (3,9%).

Vergelijking met subregio's. De waarde van de diensten in Oost-Afrika was groter dan in Centraal-Afrika (US$9,3 miljard); maar minder dan in West-Afrika (US$46,2 miljard), in Noord-Afrika (US$33,2 miljard) en in Zuidelijk Afrika (US$23,9 miljard). De toegevoegde waarde van de diensten per hoofd in Oost-Afrika was in Oost-Afrika minder dan in Zuidelijk Afrika (US$651,1), in West-Afrika (US$295,8), in Noord-Afrika (US$263,4) en in Centraal-Afrika (US$154,8). De groei van de diensten in Oost-Afrika was groter dan in Zuidelijk Afrika (3,4%) en in Centraal-Afrika (1,9%); maar minder dan in Noord-Afrika (5,2%) en in West-Afrika (3,7%).

Leiders. De sector van de diensten in Oost-Afrika in de jaren 1980 bestond uit: Kenia (22,9%), Tanzania (19,5%), Zimbabwe (16,7%), Ethiopië (9,2%), Oeganda (6,2%), en andere (25,6%). Het aandeel van de diensten in economie van de leiders: Tanzania (35,3%), Kenia (34,4%), Zimbabwe (26,8%), Ethiopië (21,6%) en Oeganda (20,1%). De diensten per hoofd in Oost-Afrika onder de leiders: Zimbabwe ($286,5), Kenia ($176,1), Tanzania ($136,7), Oeganda ($64,2) en Ethiopië ($32,7). De groei van de diensten onder de leiders: Kenia (5,5%), Zimbabwe (5,1%), Ethiopië (4,5%), Oeganda (3,0%) en Tanzania (2,3%).

de jaren 1990

De sector van de diensten in Oost-Afrika bedroeg in de jaren 1990 US$17,0 miljard per jaar. Het aandeel in de wereld was 0,15%, en 11,0% in Afrika.

Het aandeel van de diensten in de economie van Oost-Afrika was 25,3% in de jaren 1990, en was vergelijkbaar met Maleisië (25,3%), de Filipijnen (25,5%).

De waarde van de diensten per hoofd in Oost-Afrika was $78,7 in de jaren 1990s, en was vergelijkbaar met Armenië (US$79,1), Bangladesh (US$80,5). De sector van de diensten per hoofd in Oost-Afrika was in 25,6 keer lager dan de diensten per hoofd van de bevolking in de wereld ($2.014,6), en was in 2,8 keer lager dan de diensten per hoofd van de bevolking in Afrika ($2.014,6).

De groei van de diensten in Oost-Afrika bedroeg 2.5% in de jaren 1990, en was vergelijkbaar met Bahrein (2,5%), Zuid-Amerika (2,5%). De groei van de diensten in Oost-Afrika (2,5%) was minder dan de groei van de diensten in de wereld (2,7%), was minder dan de groei van de diensten in Afrika (2,6%).

Vergelijking met subregio's. De waarde van de diensten in Oost-Afrika was groter dan in Centraal-Afrika (US$9,3 miljard); maar minder dan in Noord-Afrika (US$53,8 miljard), in Zuidelijk Afrika (US$51,9 miljard) en in West-Afrika (US$22,2 miljard). De waarde van de diensten per hoofd in Oost-Afrika was in Oost-Afrika minder dan in Zuidelijk Afrika (US$1.113,5), in Noord-Afrika (US$337,0), in Centraal-Afrika (US$112,9) en in West-Afrika (US$109,2). De groei van de diensten in Oost-Afrika was groter dan in Zuidelijk Afrika (2,1%) en in Centraal-Afrika (-1,2%); maar minder dan in West-Afrika (3,9%) en in Noord-Afrika (3,5%).

Leiders. De sector van de diensten in Oost-Afrika in de jaren 1990 bestond uit: Kenia (25,0%), Zimbabwe (17,4%), Tanzania (10,4%), Ethiopië (8,7%), Oeganda (7,9%), en andere (30,5%). Het aandeel van de diensten in economie van de leiders: Kenia (36,1%), Zimbabwe (27,1%), Oeganda (24,8%), Tanzania (21,5%) en Ethiopië (17,7%). De toegevoegde waarde van de diensten per hoofd in Oost-Afrika onder de leiders: Zimbabwe ($262,5), Kenia ($155,4), Oeganda ($67,2), Tanzania ($61,0) en Ethiopië ($26,5). De groei van de diensten onder de leiders: Oeganda (6,8%), Ethiopië (5,3%), Tanzania (2,6%), Zimbabwe (1,6%) en Kenia (0,57%).

de jaren 2000

De toegevoegde waarde van de diensten in Oost-Afrika bedroeg in de jaren 2000 US$31,1 miljard per jaar. Het aandeel in de wereld was 0,16%, en 10,9% in Afrika.

Het aandeel van de diensten in de economie van Oost-Afrika was 27,5% in de jaren 2000, en was vergelijkbaar met Iran (27,5%), Oeganda (27,4%), Roemenië (27,7%).

De sector van de diensten per hoofd in Oost-Afrika was $108,9 in de jaren 2000s, en was vergelijkbaar met Gambia (US$108,6), Tanzania (US$110,7), Oeganda (US$106,5). De toegevoegde waarde van de diensten per hoofd in Oost-Afrika was in 27,7 keer lager dan de diensten per hoofd van de bevolking in de wereld ($3.011,2), en was in 2,9 keer lager dan de diensten per hoofd van de bevolking in Afrika ($3.011,2).

De groei van de diensten in Oost-Afrika bedroeg 5.7% in de jaren 2000, en was vergelijkbaar met Tunesië (5,6%), Tadzjikistan (5,7%). De groei van de diensten in Oost-Afrika (5,7%) was groter dan de groei van de diensten in de wereld (2,9%), was groter dan de groei van de diensten in Afrika (5,1%).

Vergelijking met subregio's. De sector van de diensten in Oost-Afrika was groter dan in Centraal-Afrika (US$19,5 miljard); maar minder dan in Zuidelijk Afrika (US$88,7 miljard), in Noord-Afrika (US$85,2 miljard) en in West-Afrika (US$60,5 miljard). De toegevoegde waarde van de diensten per hoofd in Oost-Afrika was in Oost-Afrika minder dan in Zuidelijk Afrika (US$1.629,5), in Noord-Afrika (US$447,6), in West-Afrika (US$228,0) en in Centraal-Afrika (US$176,0). De groei van de diensten in Oost-Afrika was groter dan in Noord-Afrika (4,9%), in Centraal-Afrika (4,9%) en in Zuidelijk Afrika (4,2%); maar minder dan in West-Afrika (6,3%).

Leiders. De toegevoegde waarde van de diensten in Oost-Afrika in de jaren 2000 bestond uit: Kenia (24,0%), Tanzania (13,6%), Oeganda (9,4%), Ethiopië (9,1%), Mauritius (7,2%), en andere (36,9%). Het aandeel van de diensten in economie van de leiders: Mauritius (37,5%), Kenia (35,4%), Oeganda (27,4%), Tanzania (24,1%) en Ethiopië (21,1%). De toegevoegde waarde van de diensten per hoofd in Oost-Afrika onder de leiders: Mauritius ($1.833,1), Kenia ($205,3), Tanzania ($110,7), Oeganda ($106,5) en Ethiopië ($37,4). De groei van de diensten onder de leiders: Ethiopië (8,5%), Oeganda (7,1%), Mauritius (7,0%), Tanzania (6,5%) en Kenia (2,5%).

de jaren 2010

De toegevoegde waarde van de diensten in Oost-Afrika bedroeg in de jaren 2010 US$76,6 miljard per jaar, en was vergelijkbaar met Maleisië (US$76,3 miljard). Het aandeel in de wereld was 0,23%, en 12,4% in Afrika.

Het aandeel van de diensten in de economie van Oost-Afrika was 26,3% in de jaren 2010, en was vergelijkbaar met Centraal-Azië (26,3%), Venezuela (26,1%).

De waarde van de diensten per hoofd in Oost-Afrika was $199,3 in de jaren 2010s, en was vergelijkbaar met Burkina Faso (US$201,6), Cambodja (US$204,0). De diensten per hoofd in Oost-Afrika waren in 22,4 keer lager dan de diensten per hoofd van de bevolking in de wereld ($4.467,8), en waren in 2,7 keer lager dan de diensten per hoofd van de bevolking in Afrika ($4.467,8).

De groei van de diensten in Oost-Afrika bedroeg 6% in de jaren 2010. De groei van de diensten in Oost-Afrika (6,0%) was groter dan de groei van de diensten in de wereld (2,7%), was groter dan de groei van de diensten in Afrika (3,4%).

Vergelijking met subregio's. De diensten van Oost-Afrika waren 58,7% groter dan in Centraal-Afrika (US$48,2 miljard); maar 2,5 keer minder dan in Noord-Afrika (US$191,4 miljard), 49,6% minder dan in Zuidelijk Afrika (US$152,0 miljard) en 48,6% minder dan in West-Afrika (US$148,9 miljard). De diensten per hoofd in Oost-Afrika waren in Oost-Afrika12,2 keer minder dan in Zuidelijk Afrika (US$2,4 duizend), 4,3 keer minder dan in Noord-Afrika (US$864,5), 2,1 keer minder dan in West-Afrika (US$428,1) en 37,1% minder dan in Centraal-Afrika (US$316,7). De groei van de diensten in Oost-Afrika was groter dan in West-Afrika (3,9%), in Noord-Afrika (3,1%), in Centraal-Afrika (2,7%) en in Zuidelijk Afrika (2,4%).

Leiders. De sector van de diensten in Oost-Afrika in de jaren 2010 bestond uit: Kenia (23,1%), Ethiopië (13,8%), Tanzania (12,5%), Oeganda (8,7%), Zambia (7,6%), en andere (34,3%). Het aandeel van de diensten in economie van de leiders: Kenia (29,4%), Oeganda (28,0%), Zambia (25,4%), Tanzania (21,5%) en Ethiopië (19,3%). De toegevoegde waarde van de diensten per hoofd in Oost-Afrika onder de leiders: Kenia ($373,6), Zambia ($369,5), Tanzania ($187,8), Oeganda ($176,6) en Ethiopië ($106,1). De groei van de diensten onder de leiders: Ethiopië (9,0%), Tanzania (6,5%), Oeganda (5,8%), Kenia (5,8%) en Zambia (4,5%).

Part III. Externe betrekkingen

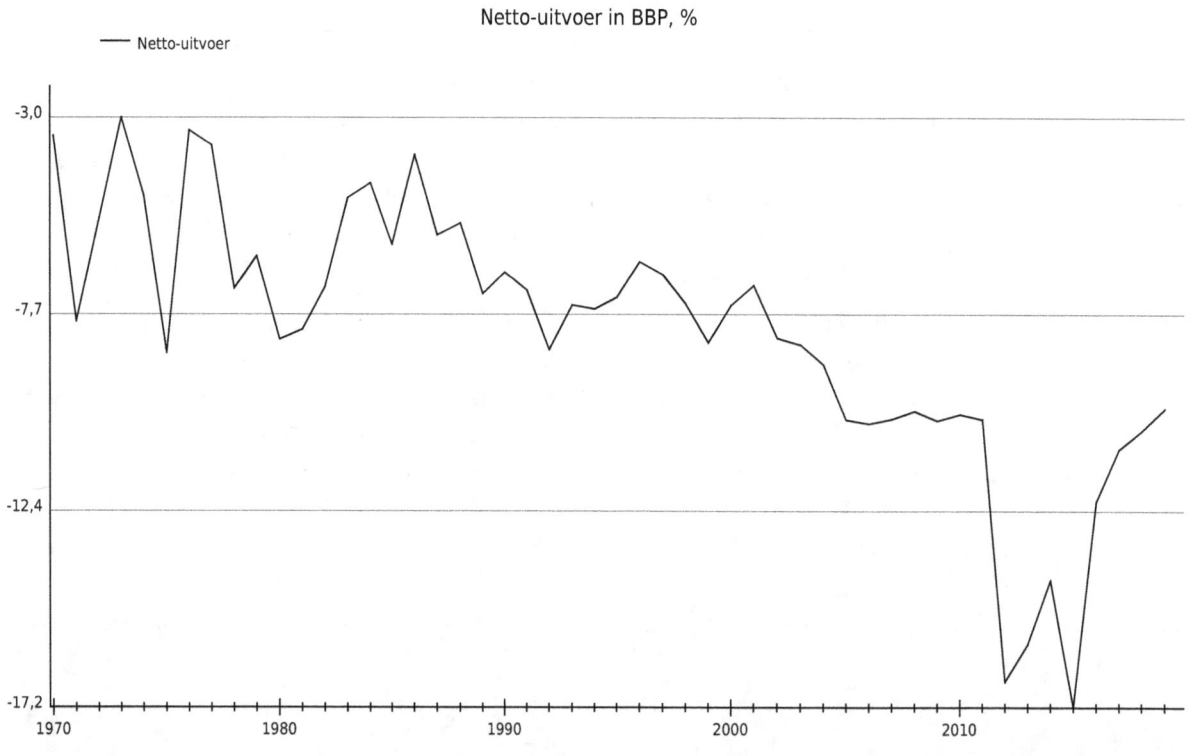

Netto-uitvoer in BBP, %

Hoofdstuk X. Uitvoer

Uitvoer van goederen en diensten

De waarde van de export in Oost-Afrika steeg van US$6,1 miljard per jaar in de jaren 1970 tot US$68,9 miljard per jaar in de jaren 2010, dat wil zeggen met US$62,8 miljard of 11,4 keer. De verandering vond plaats op US$27,0 miljard als gevolg van een 1,6-voudige stijging van de prijzen, en ook op US$22,6 miljard als gevolg van een 2,2-voudige toename van het tarief per hoofd , evenals op US$13,2 miljard als gevolg van de toename van de bevolking. De gemiddelde jaarlijkse groei van de export is 4,6%. De minimumwaarde van de export bedroeg US$3,8 miljard in 1971. De maximumwaarde van de export bedroeg US$77,2 miljard in 2018.

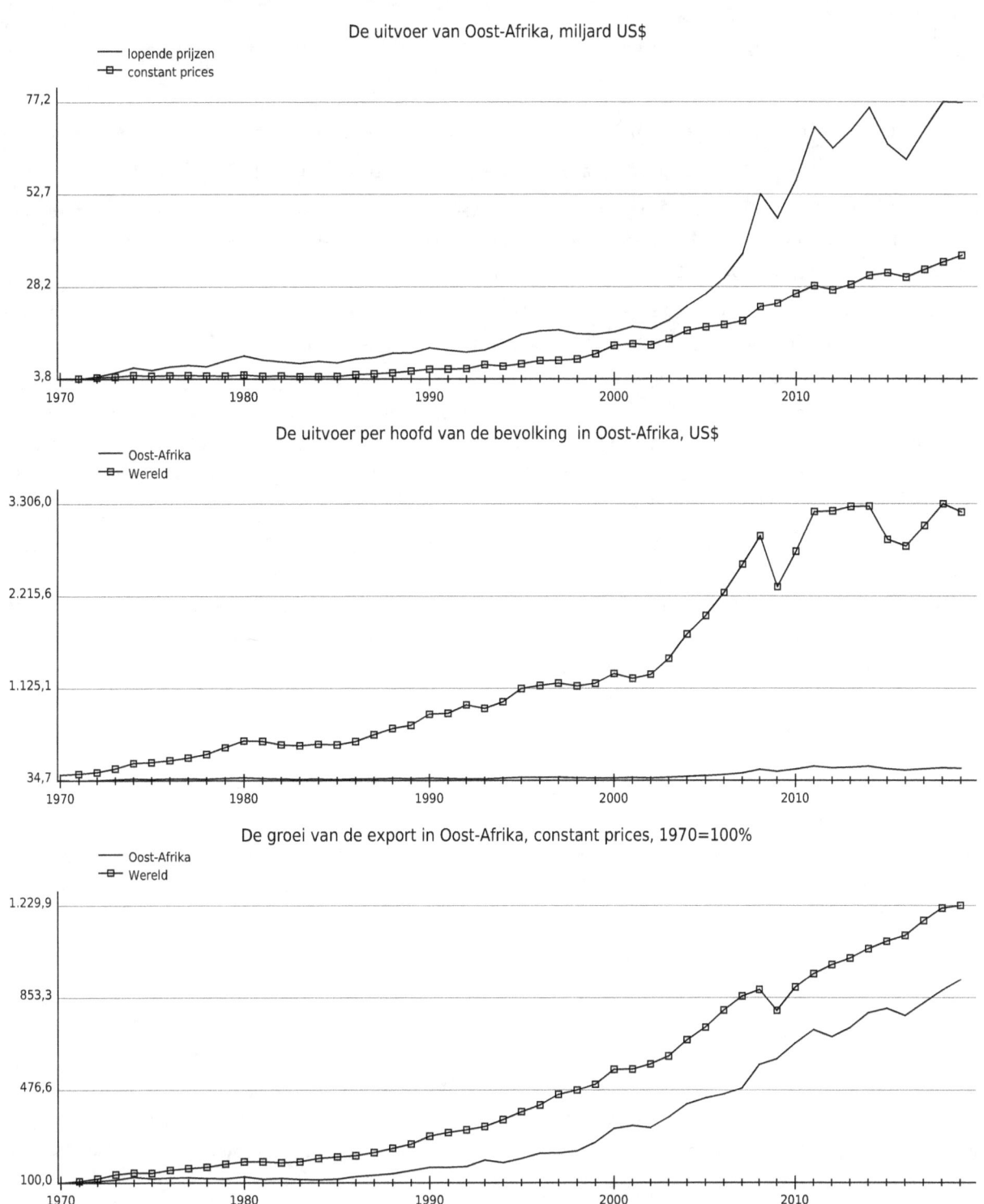

De uitvoer van Oost-Afrika, miljard US$

De uitvoer per hoofd van de bevolking in Oost-Afrika, US$

De groei van de export in Oost-Afrika, constant prices, 1970=100%

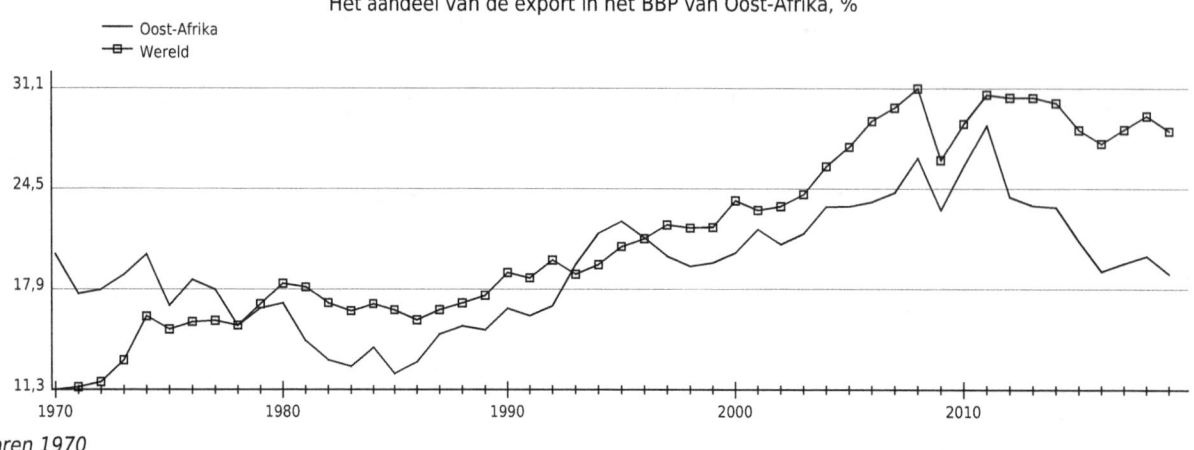

Het aandeel van de export in het BBP van Oost-Afrika, %

de jaren 1970

De uitvoer van Oost-Afrika bedroeg in de jaren 1970 US$6,1 miljard per jaar. Het aandeel in de wereld was 0,62%, en 10,8% in Afrika.

Het aandeel van de export in het BBP van Oost-Afrika was 17,7% in de jaren 1970, en was vergelijkbaar met Chili (17,7%).

De uitvoer per hoofd in Oost-Afrika was $50,2 in de jaren 1970s, en was vergelijkbaar met Madagaskar (US$49,4). De waarde van de export per hoofd in Oost-Afrika was in 4,8 keer lager dan de export per hoofd van de bevolking in de wereld ($242,1), en was in 2,7 keer lager dan de export per hoofd van de bevolking in Afrika ($242,1).

De groei van de export in Oost-Afrika bedroeg 1.8% in de jaren 1970. De groei van de export in Oost-Afrika (1,8%) was minder dan de groei van de export in de wereld (6,5%), was minder dan de groei van de export in Afrika (5,7%).

Vergelijking met subregio's. De uitvoer van Oost-Afrika was minder dan in Noord-Afrika (US$20,0 miljard), in West-Afrika (US$12,1 miljard), in Zuidelijk Afrika (US$10,8 miljard) en in Centraal-Afrika (US$7,2 miljard). De uitvoer per hoofd in Oost-Afrika was in Oost-Afrika minder dan in Zuidelijk Afrika (US$382,8), in Noord-Afrika (US$207,6), in Centraal-Afrika (US$158,0) en in West-Afrika (US$101,6). De groei van de export in Oost-Afrika was groter dan in Zuidelijk Afrika (1,3%); maar minder dan in Noord-Afrika (6,9%), in Centraal-Afrika (5,0%) en in West-Afrika (4,0%).

Leiders. De waarde van de export in Oost-Afrika in de jaren 1970 bestond uit: Zambia (22,1%), Zimbabwe (17,3%), Kenia (16,1%), Tanzania (8,6%), Ethiopië (7,8%), en andere (28,1%). Het aandeel van de export in BBP van de leiders: Zambia (52,8%), Zimbabwe (23,1%), Kenia (19,5%), Ethiopië (12,2%) en Tanzania (11,4%). De uitvoer per hoofd in Oost-Afrika onder de leiders: Zambia ($274,4), Zimbabwe ($169,4), Kenia ($72,9), Tanzania ($33,1) en Ethiopië ($14,1). De groei van de export onder de leiders: Ethiopië (3,1%), Kenia (1,9%), Zambia (-0,17%), Zimbabwe (-0,66%) en Tanzania (-1,7%).

de jaren 1980

De waarde van de export in Oost-Afrika bedroeg in de jaren 1980 US$9,1 miljard per jaar. Het aandeel in de wereld was 0,36%, en 8,4% in Afrika.

Het aandeel van de export in het BBP van Oost-Afrika was 14,2% in de jaren 1980.

De uitvoer per hoofd in Oost-Afrika was $56,1 in de jaren 1980s. De waarde van de export per hoofd in Oost-Afrika was in 9,4 keer lager dan de export per hoofd van de bevolking in de wereld ($529,9), en was in 3,6 keer lager dan de export per hoofd van de bevolking in Afrika ($529,9).

De groei van de export in Oost-Afrika bedroeg 2.4% in de jaren 1980, en was vergelijkbaar met Swaziland (2,4%). De groei van de export in Oost-Afrika (2,4%) was minder dan de groei van de export in de wereld (3,8%), was groter dan de groei van de export in Afrika (-0,87%).

Vergelijking met subregio's. De waarde van de export in Oost-Afrika was minder dan in Noord-Afrika (US$38,8 miljard), in Zuidelijk Afrika (US$25,5 miljard), in West-Afrika (US$22,1 miljard) en in Centraal-Afrika (US$13,5 miljard). De waarde van de export per hoofd in Oost-Afrika was in Oost-Afrika minder dan in Zuidelijk Afrika (US$695,6), in Noord-Afrika (US$307,7), in Centraal-Afrika (US$224,2) en in West-Afrika (US$141,7). De groei van de export in Oost-Afrika was groter dan in Zuidelijk Afrika (1,8%) en in Noord-Afrika (-2,4%); maar minder dan in Centraal-Afrika (5,0%) en in West-Afrika (3,5%).

Leiders. De waarde van de export in Oost-Afrika in de jaren 1980 bestond uit: Zimbabwe (21,3%), Kenia (18,6%), Zambia (14,6%), Ethiopië (9,2%), Mauritius (9,0%), en andere (27,2%). Het aandeel van de export in BBP van de leiders: Mauritius (54,8%), Zambia (39,0%), Zimbabwe (19,5%), Kenia (16,2%) en Ethiopië (9,9%). De waarde van de export per hoofd in Oost-Afrika onder de leiders: Mauritius ($815,8), Zimbabwe ($222,3), Zambia ($195,4), Kenia ($86,7) en Ethiopië ($19,9). De groei van de export onder de leiders: Mauritius (8,1%), Zimbabwe (7,4%), Kenia (3,3%), Ethiopië (-0,57%) en Zambia (-3,2%).

de jaren 1990

De uitvoer van Oost-Afrika bedroeg in de jaren 1990 US$13,9 miljard per jaar. Het aandeel in de wereld was 0,24%, en 9,7% in Afrika.

Het aandeel van de export in het BBP van Oost-Afrika was 19,3% in de jaren 1990.

De waarde van de export per hoofd in Oost-Afrika was $64,3 in de jaren 1990s, en was vergelijkbaar met Guinee-Bissau (US$64,5), Cambodja (US$65,0). De uitvoer per hoofd in Oost-Afrika was in 16,0 keer lager dan de export per hoofd van de bevolking in de wereld ($1.029,5), en was in 3,1 keer lager dan de export per hoofd van de bevolking in Afrika ($1.029,5).

De groei van de export in Oost-Afrika bedroeg 5.9% in de jaren 1990, en was vergelijkbaar met Estland (5,8%), Guatemala (5,8%), Peru (5,9%). De groei van de export in Oost-Afrika (5,9%) was minder dan de groei van de export in de wereld (6,9%), was groter dan de groei van de export in Afrika (2,5%).

Vergelijking met subregio's. De uitvoer van Oost-Afrika was minder dan in Noord-Afrika (US$51,3 miljard), in Zuidelijk Afrika (US$36,7 miljard), in West-Afrika (US$23,7 miljard) en in Centraal-Afrika (US$17,6 miljard). De waarde van de export per hoofd in Oost-Afrika was in Oost-Afrika minder dan in Zuidelijk Afrika (US$787,6), in Noord-Afrika (US$321,0), in Centraal-Afrika (US$214,0) en in West-Afrika (US$116,3). De groei van de export in Oost-Afrika was groter dan in Zuidelijk Afrika (4,4%), in West-Afrika (2,3%) en in Noord-Afrika (1,2%); maar minder dan in Centraal-Afrika (7,3%).

Leiders. De waarde van de export in Oost-Afrika in de jaren 1990 bestond uit: Zimbabwe (22,1%), Kenia (18,3%), Mauritius (16,6%), Zambia (8,4%), Tanzania (7,3%), en andere (27,3%). Het aandeel van de export in BBP van de leiders: Mauritius (59,6%), Zambia (32,5%), Zimbabwe (26,7%), Kenia (19,9%) en Tanzania (12,1%). De uitvoer per hoofd in Oost-Afrika onder de leiders: Mauritius ($2.058,9), Zimbabwe ($272,5), Zambia ($129,9), Kenia ($92,8) en Tanzania ($35,0). De groei van de export onder de leiders: Zimbabwe (16,3%), Tanzania (10,9%), Mauritius (5,6%), Zambia (5,4%) en Kenia (3,2%).

de jaren 2000

De waarde van de export in Oost-Afrika bedroeg in de jaren 2000 US$28,6 miljard per jaar, en was vergelijkbaar met Roemenië (US$28,9 miljard). Het aandeel in de wereld was 0,23%, en 7,9% in Afrika.

Het aandeel van de export in het BBP van Oost-Afrika was 23,4% in de jaren 2000, en was vergelijkbaar met Gambia (23,2%).

De uitvoer per hoofd in Oost-Afrika was $100,2 in de jaren 2000s, en was vergelijkbaar met Mozambique (US$101,0), Sao Tomé en Principe (US$102,3), Pakistan (US$97,9). De waarde van de export per hoofd in Oost-Afrika was in 19,3 keer lager dan de export per hoofd van de bevolking in de wereld ($1.933,7), en was in 4,0 keer lager dan de export per hoofd van de bevolking in Afrika ($1.933,7).

De groei van de export in Oost-Afrika bedroeg 8.6% in de jaren 2000. De groei van de export in Oost-Afrika (8,6%) was groter dan de groei van de export in de wereld (4,8%), was groter dan de groei van de export in Afrika (5,3%).

Vergelijking met subregio's. De uitvoer van Oost-Afrika was minder dan in Noord-Afrika (US$141,1 miljard), in Zuidelijk Afrika (US$73,6 miljard), in West-Afrika (US$65,5 miljard) en in Centraal-Afrika (US$52,5 miljard). De uitvoer per hoofd in Oost-Afrika was in Oost-Afrika minder dan in Zuidelijk Afrika (US$1.352,2), in Noord-Afrika (US$741,0), in Centraal-Afrika (US$473,2) en in West-Afrika (US$246,7). De groei van de export in Oost-Afrika was groter dan in Centraal-Afrika (5,9%), in Noord-Afrika (5,6%), in West-Afrika (5,5%) en in Zuidelijk Afrika (2,0%).

Leiders. De waarde van de export in Oost-Afrika in de jaren 2000 bestond uit: Kenia (17,4%), Mauritius (13,2%), Tanzania (11,3%), Zambia (10,2%), Zimbabwe (9,1%), en andere (38,7%). Het aandeel van de export in BBP van de leiders: Mauritius (55,1%), Zimbabwe (33,5%), Zambia (31,9%), Kenia (21,4%) en Tanzania (17,3%). De uitvoer per hoofd in Oost-Afrika onder de leiders: Mauritius ($3.111,1), Zambia ($248,3), Zimbabwe ($215,7), Kenia ($137,1) en Tanzania ($85,2). De groei van de export onder de leiders: Tanzania (11,9%), Zambia (11,5%), Kenia (4,6%), Mauritius (2,2%) en Zimbabwe (-5,3%).

de jaren 2010

De waarde van de export in Oost-Afrika bedroeg in de jaren 2010 US$68,9 miljard per jaar. Het aandeel in de wereld was 0,30%, en 11,0% in Afrika.

Het aandeel van de export in het BBP van Oost-Afrika was 21,9% in de jaren 2010, en was vergelijkbaar met China (21,8%), Senegal (22,1%), Indonesië (22,1%).

De uitvoer per hoofd in Oost-Afrika was $179,3 in de jaren 2010s. De uitvoer per hoofd in Oost-Afrika was in 17,3 keer lager dan de export per hoofd van de bevolking in de wereld ($3.098,9), en was in 3,0 keer lager dan de export per hoofd van de bevolking in Afrika ($3.098,9).

De groei van de export in Oost-Afrika bedroeg 4.4% in de jaren 2010, en was vergelijkbaar met Kameroen (4,3%), West-Europa (4,3%), Zuid-Europa (4,4%). De groei van de export in Oost-Afrika (4,4%) was minder dan de groei van de export in de wereld (4,4%), was groter dan de groei van de export in Afrika (-1,2%).

Vergelijking met subregio's. De waarde van de export in Oost-Afrika was 2,8 keer minder dan in Noord-Afrika (US$191,0 miljard), 2,0 keer minder dan in West-Afrika (US$140,0 miljard), 44,1% minder dan in Zuidelijk Afrika (US$123,2 miljard) en 31,8% minder dan in Centraal-Afrika (US$101,1 miljard). De waarde van de export per hoofd in Oost-Afrika was in Oost-Afrika11,0 keer minder dan in Zuidelijk Afrika (US$1.971,2), 4,8 keer minder dan in Noord-Afrika (US$862,9), 3,7 keer minder dan in Centraal-Afrika (US$663,8) en 2,2 keer minder dan in West-Afrika (US$402,5). De groei van de export in Oost-Afrika was groter dan in Zuidelijk Afrika (2,3%), in Centraal-Afrika (0,20%) en in Noord-Afrika (-6,3%); maar minder dan in West-Afrika (6,9%).

Leiders. De uitvoer van Oost-Afrika in de jaren 2010 bestond uit: Kenia (14,9%), Zambia (13,3%), Tanzania (12,3%), Ethiopië (8,4%), Mauritius (8,4%), en andere (42,6%). Het aandeel van de export in BBP van de leiders: Mauritius (46,8%), Zambia (38,1%), Tanzania (17,6%), Kenia (15,9%) en Ethiopië (9,9%). De uitvoer per hoofd in Oost-Afrika onder de leiders: Mauritius ($4.602,8), Zambia ($586,6), Kenia ($217,0), Tanzania ($166,8) en Ethiopië ($58,3). De groei van de export onder de leiders: Zambia (6,2%), Tanzania (5,0%), Kenia (2,9%), Mauritius (2,2%) en Ethiopië (2,2%).

Hoofdstuk XI. Invoer

Invoer van goederen en diensten

De waarde van de invoer in Oost-Afrika steeg van US$7,9 miljard per jaar in de jaren 1970 tot US$108,7 miljard per jaar in de jaren 2010, dat wil zeggen met US$100,8 miljard of 13,7 keer. De verandering vond plaats op US$36,0 miljard als gevolg van een 1,5-voudige stijging van de prijzen, en ook op US$47,5 miljard als gevolg van een 2,9-voudige toename van het tarief per hoofd , evenals op US$17,3 miljard als gevolg van de toename van de bevolking. De gemiddelde jaarlijkse groei van de invoer is 5,2%. De minimumwaarde van de invoer bedroeg US$4,6 miljard in 1970. De maximumwaarde van de invoer bedroeg US$121,5 miljard in 2014.

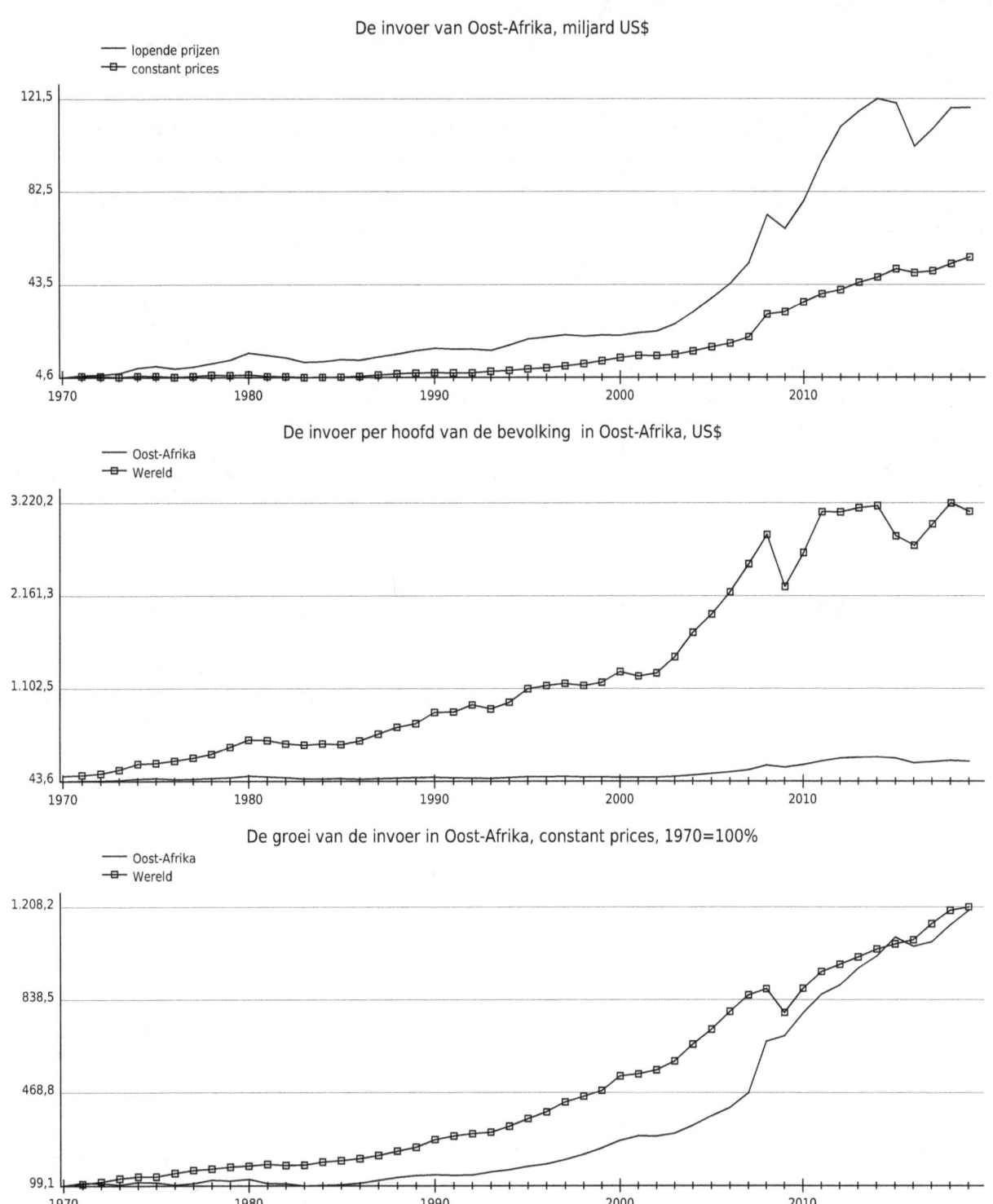

De invoer van Oost-Afrika, miljard US$

De invoer per hoofd van de bevolking in Oost-Afrika, US$

De groei van de invoer in Oost-Afrika, constant prices, 1970=100%

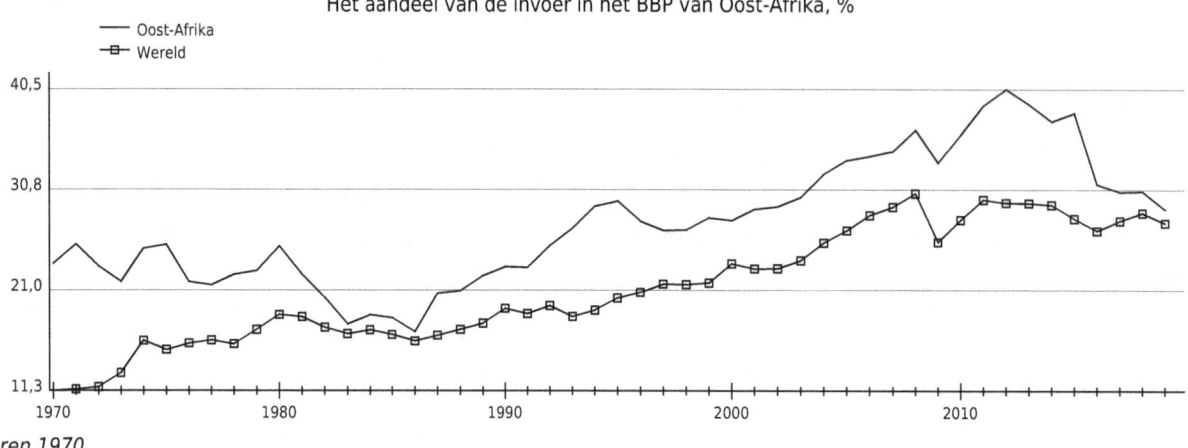

Het aandeel van de invoer in het BBP van Oost-Afrika, %

de jaren 1970

De waarde van de invoer in Oost-Afrika bedroeg in de jaren 1970 US$7,9 miljard per jaar, en was vergelijkbaar met Zuid-Korea (US$7,9 miljard), Venezuela (US$8,0 miljard), China (US$7,8 miljard). Het aandeel in de wereld was 0,80%, en 13,5% in Afrika.

Het aandeel van de invoer in het BBP van Oost-Afrika was 23,2% in de jaren 1970, en was vergelijkbaar met Zuidwest-Azië (23,3%), Thailand (23,1%).

De waarde van de invoer per hoofd in Oost-Afrika was $65,6 in de jaren 1970s. De invoer per hoofd in Oost-Afrika was in 3,7 keer lager dan de invoer per hoofd van de bevolking in de wereld ($244,3), en was in 2,2 keer lager dan de invoer per hoofd van de bevolking in Afrika ($244,3).

De groei van de invoer in Oost-Afrika bedroeg 1.9% in de jaren 1970. De groei van de invoer in Oost-Afrika (1,9%) was minder dan de groei van de invoer in de wereld (6,3%), was minder dan de groei van de invoer in Afrika (6,7%).

Vergelijking met subregio's. De invoer van Oost-Afrika was minder dan in Noord-Afrika (US$19,8 miljard), in West-Afrika (US$11,8 miljard), in Zuidelijk Afrika (US$10,1 miljard) en in Centraal-Afrika (US$8,9 miljard). De invoer per hoofd in Oost-Afrika was in Oost-Afrika minder dan in Zuidelijk Afrika (US$357,7), in Noord-Afrika (US$204,9), in Centraal-Afrika (US$195,3) en in West-Afrika (US$99,3). De groei van de invoer in Oost-Afrika was groter dan in Zuidelijk Afrika (0,28%); maar minder dan in West-Afrika (8,7%), in Noord-Afrika (8,6%) en in Centraal-Afrika (2,7%).

Leiders. De invoer van Oost-Afrika in de jaren 1970 bestond uit: Zambia (19,1%), Kenia (14,2%), Mozambique (13,0%), Zimbabwe (11,7%), Oeganda (8,6%), en andere (33,4%). Het aandeel van de invoer in BBP van de leiders: Zambia (59,5%), Oeganda (27,9%), Kenia (22,5%), Zimbabwe (20,3%) en Mozambique (18,2%). De invoer per hoofd in Oost-Afrika onder de leiders: Zambia ($309,5), Zimbabwe ($148,9), Mozambique ($101,8), Kenia ($84,1) en Oeganda ($63,9). De groei van de invoer onder de leiders: Mozambique (3,8%), Kenia (0,71%), Zimbabwe (-0,19%), Oeganda (-1,6%) en Zambia (-6,7%).

de jaren 1980

De invoer van Oost-Afrika bedroeg in de jaren 1980 US$13,0 miljard per jaar, en was vergelijkbaar met Portugal (US$12,8 miljard), Venezuela (US$13,4 miljard). Het aandeel in de wereld was 0,50%, en 11,6% in Afrika.

Het aandeel van de invoer in het BBP van Oost-Afrika was 20,3% in de jaren 1980.

De invoer per hoofd in Oost-Afrika was $80,3 in de jaren 1980s, en was vergelijkbaar met Burkina Faso (US$81,7). De waarde van de invoer per hoofd in Oost-Afrika was in 6,7 keer lager dan de invoer per hoofd van de bevolking in de wereld ($539,1), en was in 2,6 keer lager dan de invoer per hoofd van de bevolking in Afrika ($539,1).

De groei van de invoer in Oost-Afrika bedroeg 1.6% in de jaren 1980, en was vergelijkbaar met Polen (1,6%). De groei van de invoer in Oost-Afrika (1,6%) was minder dan de groei van de invoer in de wereld (3,8%), was groter dan de groei van de invoer in Afrika (-3,1%).

Vergelijking met subregio's. De invoer van Oost-Afrika was minder dan in Noord-Afrika (US$42,7 miljard), in Zuidelijk Afrika (US$22,1 miljard), in West-Afrika (US$20,0 miljard) en in Centraal-Afrika (US$14,8 miljard). De waarde van de invoer per hoofd in Oost-Afrika was in Oost-Afrika minder dan in Zuidelijk Afrika (US$601,7), in Noord-Afrika (US$338,6), in Centraal-Afrika (US$245,4) en in

West-Afrika (US$128,2). De groei van de invoer in Oost-Afrika was groter dan in Centraal-Afrika (-0,17%), in Noord-Afrika (-1,0%) en in West-Afrika (-9,5%); maar minder dan in Zuidelijk Afrika (2,1%).

Leiders. De waarde van de invoer in Oost-Afrika in de jaren 1980 bestond uit: Kenia (15,8%), Zimbabwe (14,2%), Zambia (13,5%), Ethiopië (11,3%), Mozambique (9,3%), en andere (36,0%). Het aandeel van de invoer in BBP van de leiders: Zambia (51,3%), Kenia (19,6%), Mozambique (19,3%), Zimbabwe (18,6%) en Ethiopië (17,3%). De waarde van de invoer per hoofd in Oost-Afrika onder de leiders: Zambia ($257,3), Zimbabwe ($212,2), Kenia ($105,0), Mozambique ($96,7) en Ethiopië ($34,8). De groei van de invoer onder de leiders: Zimbabwe (7,8%), Ethiopië (1,8%), Kenia (0,30%), Mozambique (0,13%) en Zambia (-3,2%).

de jaren 1990

De invoer van Oost-Afrika bedroeg in de jaren 1990 US$19,2 miljard per jaar. Het aandeel in de wereld was 0,33%, en 12,8% in Afrika.

Het aandeel van de invoer in het BBP van Oost-Afrika was 26,7% in de jaren 1990, en was vergelijkbaar met Zimbabwe (26,7%), Zuid-Korea (26,6%), Chili (26,6%).

De invoer per hoofd in Oost-Afrika was $88,8 in de jaren 1990s. De waarde van de invoer per hoofd in Oost-Afrika was in 11,4 keer lager dan de invoer per hoofd van de bevolking in de wereld ($1.015,5), en was in 2,4 keer lager dan de invoer per hoofd van de bevolking in Afrika ($1.015,5).

De groei van de invoer in Oost-Afrika bedroeg 6% in de jaren 1990, en was vergelijkbaar met Tanzania (6,0%). De groei van de invoer in Oost-Afrika (6,0%) was minder dan de groei van de invoer in de wereld (6,6%), was groter dan de groei van de invoer in Afrika (3,8%).

Vergelijking met subregio's. De waarde van de invoer in Oost-Afrika was groter dan in Centraal-Afrika (US$16,8 miljard); maar minder dan in Noord-Afrika (US$56,7 miljard), in Zuidelijk Afrika (US$34,1 miljard) en in West-Afrika (US$22,9 miljard). De invoer per hoofd in Oost-Afrika was in Oost-Afrika minder dan in Zuidelijk Afrika (US$731,8), in Noord-Afrika (US$355,1), in Centraal-Afrika (US$204,0) en in West-Afrika (US$112,5). De groei van de invoer in Oost-Afrika was groter dan in Zuidelijk Afrika (4,6%), in West-Afrika (4,1%) en in Noord-Afrika (1,0%); maar minder dan in Centraal-Afrika (10,3%).

Leiders. De invoer van Oost-Afrika in de jaren 1990 bestond uit: Zimbabwe (16,0%), Kenia (15,2%), Mauritius (12,7%), Tanzania (9,0%), Zambia (8,1%), en andere (39,0%). Het aandeel van de invoer in BBP van de leiders: Mauritius (63,1%), Zambia (43,3%), Zimbabwe (26,7%), Kenia (22,8%) en Tanzania (20,4%). De invoer per hoofd in Oost-Afrika onder de leiders: Mauritius ($2.176,8), Zimbabwe ($272,4), Zambia ($172,9), Kenia ($106,6) en Tanzania ($59,4). De groei van de invoer onder de leiders: Zimbabwe (17,8%), Zambia (11,0%), Kenia (7,5%), Tanzania (6,0%) en Mauritius (5,5%).

de jaren 2000

De waarde van de invoer in Oost-Afrika bedroeg in de jaren 2000 US$40,2 miljard per jaar, en was vergelijkbaar met Centraal-Afrika (US$40,3 miljard), Roemenië (US$39,6 miljard), Centraal-Azië (US$41,0 miljard). Het aandeel in de wereld was 0,33%, en 12,0% in Afrika.

Het aandeel van de invoer in het BBP van Oost-Afrika was 32,8% in de jaren 2000, en was vergelijkbaar met Mali (32,6%), Duitsland (33,1%), Gambia (32,6%).

De waarde van de invoer per hoofd in Oost-Afrika was $140,8 in de jaren 2000s. De invoer per hoofd in Oost-Afrika was in 13,5 keer lager dan de invoer per hoofd van de bevolking in de wereld ($1.899,9), en was in 2,6 keer lager dan de invoer per hoofd van de bevolking in Afrika ($1.899,9).

De groei van de invoer in Oost-Afrika bedroeg 10.8% in de jaren 2000, en was vergelijkbaar met Mali (10,9%). De groei van de invoer in Oost-Afrika (10,8%) was groter dan de groei van de invoer in de wereld (5,1%), was groter dan de groei van de invoer in Afrika (7,6%).

Vergelijking met subregio's. De waarde van de invoer in Oost-Afrika was minder dan in Noord-Afrika (US$121,9 miljard), in Zuidelijk Afrika (US$74,0 miljard), in West-Afrika (US$58,3 miljard) en in Centraal-Afrika (US$40,3 miljard). De invoer per hoofd in Oost-Afrika was in Oost-Afrika minder dan in Zuidelijk Afrika (US$1.360,4), in Noord-Afrika (US$640,5), in Centraal-Afrika (US$363,9) en in West-Afrika (US$219,9). De groei van de invoer in Oost-Afrika was groter dan in West-Afrika (9,6%), in Noord-Afrika (7,3%), in Zuidelijk Afrika (5,3%) en in Centraal-Afrika (5,1%).

Leiders. De waarde van de invoer in Oost-Afrika in de jaren 2000 bestond uit: Kenia (17,7%), Ethiopië (10,8%), Tanzania (10,6%), Mauritius (10,3%), Zimbabwe (8,2%), en andere (42,4%). Het aandeel van de invoer in BBP van de leiders: Mauritius (60,2%), Zimbabwe (42,2%), Ethiopië (30,7%), Kenia (30,6%) en Tanzania (22,7%). De waarde van de invoer per hoofd in Oost-Afrika onder de leiders: Mauritius ($3.400,8), Zimbabwe ($271,4), Kenia ($195,8), Tanzania ($111,6) en Ethiopië ($57,7). De groei van de invoer onder de leiders: Ethiopië (16,9%), Tanzania (13,8%), Kenia (7,7%), Zimbabwe (2,7%) en Mauritius (1,2%).

de jaren 2010

De invoer van Oost-Afrika bedroeg in de jaren 2010 US$108,7 miljard per jaar, en was vergelijkbaar met Zuid-Afrika (US$108,7 miljard), Hongarije (US$110,6 miljard). Het aandeel in de wereld was 0,49%, en 15,7% in Afrika.

Het aandeel van de invoer in het BBP van Oost-Afrika was 34,6% in de jaren 2010, en was vergelijkbaar met Benin (34,6%), Griekenland (34,3%).

De invoer per hoofd in Oost-Afrika was $282,9 in de jaren 2010s, en was vergelijkbaar met Mali (US$289,1). De invoer per hoofd in Oost-Afrika was in 10,7 keer lager dan de invoer per hoofd van de bevolking in de wereld ($3.015,6), en was in 2,1 keer lager dan de invoer per hoofd van de bevolking in Afrika ($3.015,6).

De groei van de invoer in Oost-Afrika bedroeg 5.6% in de jaren 2010, en was vergelijkbaar met Mexico (5,5%), Marokko (5,6%), Israël (5,6%). De groei van de invoer in Oost-Afrika (5,6%) was groter dan de groei van de invoer in de wereld (4,4%), was groter dan de groei van de invoer in Afrika (2,0%).

Vergelijking met subregio's. De waarde van de invoer in Oost-Afrika was 30,9% groter dan in Centraal-Afrika (US$83,0 miljard); maar 2,2 keer minder dan in Noord-Afrika (US$233,9 miljard), 21,5% minder dan in West-Afrika (US$138,5 miljard) en 14,9% minder dan in Zuidelijk Afrika (US$127,7 miljard). De invoer per hoofd in Oost-Afrika was in Oost-Afrika7,2 keer minder dan in Zuidelijk Afrika (US$2,0 duizend), 3,7 keer minder dan in Noord-Afrika (US$1.056,3), 48,1% minder dan in Centraal-Afrika (US$545,2) en 28,9% minder dan in West-Afrika (US$398,2). De groei van de invoer in Oost-Afrika was groter dan in Zuidelijk Afrika (3,5%), in Noord-Afrika (1,6%), in West-Afrika (1,4%) en in Centraal-Afrika (-1,8%).

Leiders. De invoer van Oost-Afrika in de jaren 2010 bestond uit: Kenia (16,5%), Ethiopië (14,3%), Tanzania (10,5%), Mozambique (9,3%), Zambia (8,6%), en andere (40,8%). Het aandeel van de invoer in BBP van de leiders: Mozambique (68,7%), Zambia (38,7%), Kenia (27,9%), Ethiopië (26,6%) en Tanzania (23,6%). De waarde van de invoer per hoofd in Oost-Afrika onder de leiders: Zambia ($595,9), Kenia ($379,8), Mozambique ($379,0), Tanzania ($223,5) en Ethiopië ($155,9). De groei van de invoer onder de leiders: Ethiopië (12,0%), Mozambique (11,5%), Zambia (6,8%), Kenia (4,2%) en Tanzania (4,2%).

Part IV. Verbruik

Hoofdstuk XII. Overheidsuitgaven

Consumptie-uitgaven van de overheid

De overheidsuitgaven van Oost-Afrika steeg van US$6,9 miljard per jaar in de jaren 1970 tot US$41,3 miljard per jaar in de jaren 2010, dat wil zeggen met US$34,4 miljard of 6,0 keer. De verandering vond plaats op US$5,5 miljard als gevolg van een 1,2-voudige stijging van de prijzen, en ook op US$13,9 miljard als gevolg van een 1,6-voudige toename van het tarief per hoofd , evenals op US$15,0 miljard als gevolg van de toename van de bevolking. De gemiddelde jaarlijkse groei van de overheidsuitgaven is 4,6%. De minimumwaarde van de overheidsuitgaven bedroeg US$3,3 miljard in 1970. De maximumwaarde van de overheidsuitgaven bedroeg US$50,0 miljard in 2019.

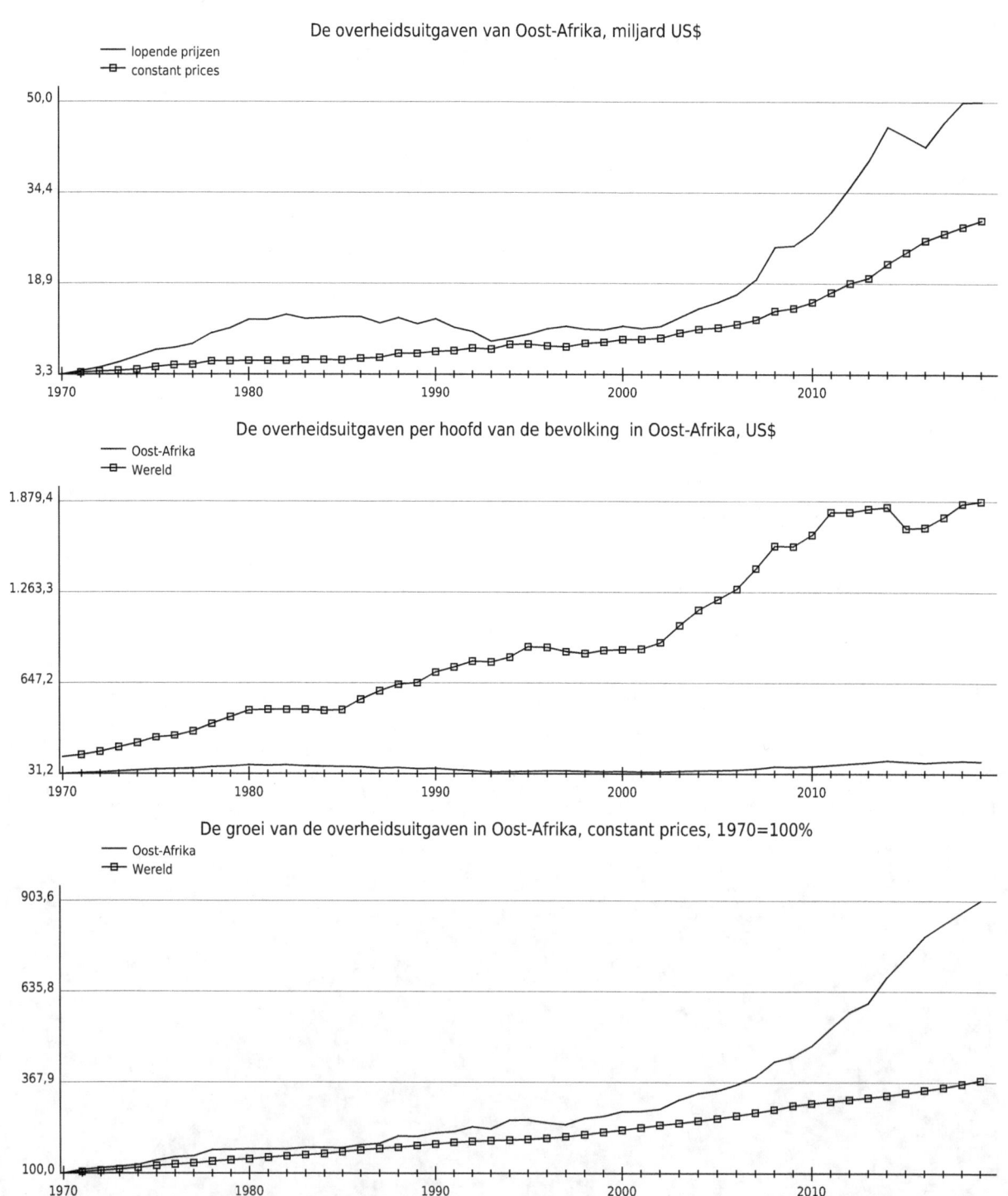

De overheidsuitgaven van Oost-Afrika, miljard US$

De overheidsuitgaven per hoofd van de bevolking in Oost-Afrika, US$

De groei van de overheidsuitgaven in Oost-Afrika, constant prices, 1970=100%

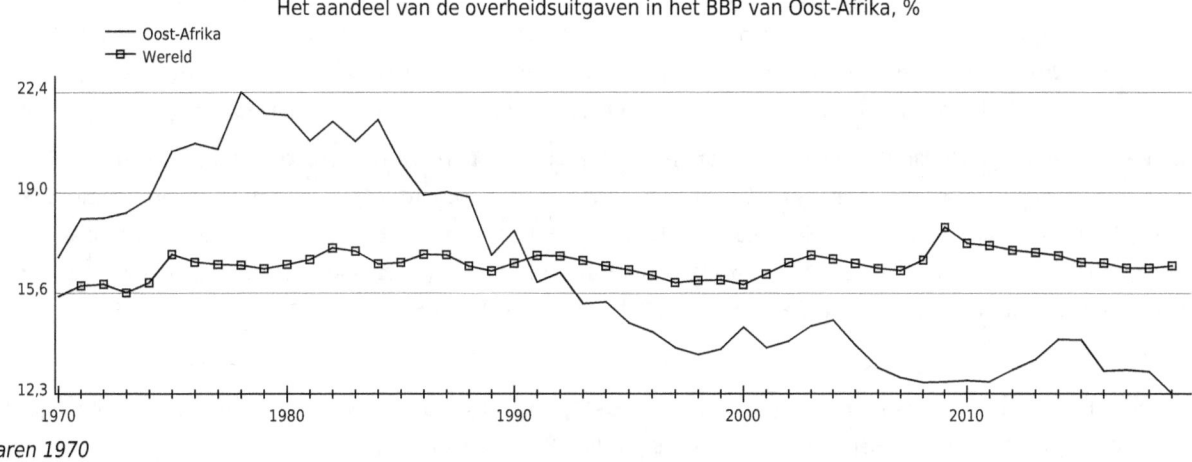

Het aandeel van de overheidsuitgaven in het BBP van Oost-Afrika, %

de jaren 1970

De overheidsuitgaven van Oost-Afrika bedroeg in de jaren 1970 US$6,9 miljard per jaar, en was vergelijkbaar met de Caraïben (US$6,7 miljard). Het aandeel in de wereld was 0,64%, en 21,7% in Afrika.

Het aandeel van de overheidsuitgaven in het BBP van Oost-Afrika was 20,1% in de jaren 1970, en was vergelijkbaar met de Caraïben (20,1%), het Verenigd Koninkrijk (20,1%), Centraal-Afrika (20,0%).

De overheidsuitgaven per hoofd in Oost-Afrika was $56,8 in de jaren 1970s. De overheidsuitgaven per hoofd in Oost-Afrika was in 4,7 keer lager dan de overheidsuitgaven per hoofd van de bevolking in de wereld ($265,2), en was 26,3% lager dan de overheidsuitgaven per hoofd van de bevolking in Afrika ($265,2).

De groei van de overheidsuitgaven in Oost-Afrika bedroeg 6% in de jaren 1970, en was vergelijkbaar met Monaco (6,0%). De groei van de overheidsuitgaven in Oost-Afrika (6,0%) was groter dan de groei van de overheidsuitgaven in de wereld (3,7%), was groter dan de groei van de overheidsuitgaven in Afrika (4,9%).

Vergelijking met subregio's. De overheidsuitgaven van Oost-Afrika was groter dan in Zuidelijk Afrika (US$5,4 miljard), in Centraal-Afrika (US$4,4 miljard) en in West-Afrika (US$4,3 miljard); maar minder dan in Noord-Afrika (US$10,7 miljard). De overheidsuitgaven per hoofd in Oost-Afrika was in Oost-Afrika groter dan in West-Afrika (US$36,1); maar minder dan in Zuidelijk Afrika (US$189,9), in Noord-Afrika (US$111,3) en in Centraal-Afrika (US$95,9). De groei van de overheidsuitgaven in Oost-Afrika was groter dan in Zuidelijk Afrika (5,2%) en in Centraal-Afrika (-1,0%); maar minder dan in Noord-Afrika (7,3%) en in West-Afrika (6,8%).

Leiders. De overheidsuitgaven van Oost-Afrika in de jaren 1970 bestond uit: Tanzania (24,4%), Mozambique (14,3%), Zimbabwe (12,8%), Zambia (11,0%), Kenia (10,6%), en andere (27,0%). Het aandeel van de overheidsuitgaven in BBP van de leiders: Tanzania (36,7%), Zambia (29,8%), Zimbabwe (19,3%), Mozambique (17,4%) en Kenia (14,5%). De overheidsuitgaven per hoofd in Oost-Afrika onder de leiders: Zambia ($154,8), Zimbabwe ($141,7), Tanzania ($106,6), Mozambique ($96,9) en Kenia ($54,0). De groei van de overheidsuitgaven onder de leiders: Zimbabwe (11,8%), Kenia (9,1%), Tanzania (6,8%), Mozambique (4,2%) en Zambia (2,2%).

de jaren 1980

De overheidsuitgaven van Oost-Afrika bedroeg in de jaren 1980 US$12,8 miljard per jaar, en was vergelijkbaar met Zuid-Korea (US$13,0 miljard). Het aandeel in de wereld was 0,50%, en 18,4% in Afrika.

Het aandeel van de overheidsuitgaven in het BBP van Oost-Afrika was 19,9% in de jaren 1980, en was vergelijkbaar met Europa (19,9%), Oost-Europa (19,9%), Palestina (20,0%).

De overheidsuitgaven per hoofd in Oost-Afrika was $78,6 in de jaren 1980s, en was vergelijkbaar met Kenia (US$78,7). De overheidsuitgaven per hoofd in Oost-Afrika was in 6,7 keer lager dan de overheidsuitgaven per hoofd van de bevolking in de wereld ($523,5), en was 38,7% lager dan de overheidsuitgaven per hoofd van de bevolking in Afrika ($523,5).

De groei van de overheidsuitgaven in Oost-Afrika bedroeg 2.1% in de jaren 1980, en was vergelijkbaar met Vanuatu (2,1%). De groei van de overheidsuitgaven in Oost-Afrika (2,1%) was minder dan de groei van de overheidsuitgaven in de wereld (2,7%), was groter dan de groei van de overheidsuitgaven in Afrika (1,8%).

Vergelijking met subregio's. De overheidsuitgaven van Oost-Afrika was groter dan in West-Afrika (US$8,7 miljard) en in Centraal-Afrika

(US$7,2 miljard); maar minder dan in Noord-Afrika (US$25,5 miljard) en in Zuidelijk Afrika (US$15,3 miljard). De overheidsuitgaven per hoofd in Oost-Afrika was in Oost-Afrika groter dan in West-Afrika (US$55,7); maar minder dan in Zuidelijk Afrika (US$418,2), in Noord-Afrika (US$201,9) en in Centraal-Afrika (US$119,6). De groei van de overheidsuitgaven in Oost-Afrika was groter dan in Centraal-Afrika (2,1%), in Noord-Afrika (0,77%) en in West-Afrika (-0,22%); maar minder dan in Zuidelijk Afrika (4,2%).

Leiders. De overheidsuitgaven van Oost-Afrika in de jaren 1980 bestond uit: Tanzania (22,6%), Zimbabwe (21,4%), Kenia (12,1%), Ethiopië (10,0%), Zambia (7,0%), en andere (27,0%). Het aandeel van de overheidsuitgaven in BBP van de leiders: Tanzania (32,5%), Zimbabwe (27,3%), Zambia (26,2%), Ethiopië (15,0%) en Kenia (14,7%). De overheidsuitgaven per hoofd in Oost-Afrika onder de leiders: Zimbabwe ($311,6), Tanzania ($134,7), Zambia ($131,6), Kenia ($78,7) en Ethiopië ($30,3). De groei van de overheidsuitgaven onder de leiders: Zimbabwe (7,1%), Ethiopië (1,8%), Kenia (1,8%), Tanzania (0,33%) en Zambia (-0,76%).

de jaren 1990

De overheidsuitgaven van Oost-Afrika bedroeg in de jaren 1990 US$10,8 miljard per jaar, en was vergelijkbaar met Hongkong (US$10,9 miljard), Colombia (US$10,6 miljard). Het aandeel in de wereld was 0,23%, en 12,1% in Afrika.

Het aandeel van de overheidsuitgaven in het BBP van Oost-Afrika was 15,0% in de jaren 1990, en was vergelijkbaar met Centraal-Azië (15,0%), Burundi (15,0%), de Verenigde Staten (15,0%).

De overheidsuitgaven per hoofd in Oost-Afrika was $49,9 in de jaren 1990s, en was vergelijkbaar met Ghana (US$50,1), Tadzjikistan (US$49,4), Zuid-Azië (US$48,9). De overheidsuitgaven per hoofd in Oost-Afrika was in 16,5 keer lager dan de overheidsuitgaven per hoofd van de bevolking in de wereld ($824,8), en was in 2,5 keer lager dan de overheidsuitgaven per hoofd van de bevolking in Afrika ($824,8).

De groei van de overheidsuitgaven in Oost-Afrika bedroeg 2.5% in de jaren 1990, en was vergelijkbaar met El Salvador (2,5%), Zuidwest-Azië (2,5%), Noord-Afrika (2,5%). De groei van de overheidsuitgaven in Oost-Afrika (2,5%) was groter dan de groei van de overheidsuitgaven in de wereld (2,0%), was groter dan de groei van de overheidsuitgaven in Afrika (1,6%).

Vergelijking met subregio's. De overheidsuitgaven van Oost-Afrika was groter dan in Centraal-Afrika (US$9,1 miljard) en in West-Afrika (US$8,1 miljard); maar minder dan in Noord-Afrika (US$31,8 miljard) en in Zuidelijk Afrika (US$29,4 miljard). De overheidsuitgaven per hoofd in Oost-Afrika was in Oost-Afrika groter dan in West-Afrika (US$39,8); maar minder dan in Zuidelijk Afrika (US$631,1), in Noord-Afrika (US$199,4) en in Centraal-Afrika (US$111,0). De groei van de overheidsuitgaven in Oost-Afrika was groter dan in West-Afrika (1,2%), in Zuidelijk Afrika (1,0%) en in Centraal-Afrika (-0,32%); maar minder dan in Noord-Afrika (2,5%).

Leiders. De overheidsuitgaven van Oost-Afrika in de jaren 1990 bestond uit: Zimbabwe (24,0%), Kenia (15,5%), Tanzania (10,9%), Ethiopië (8,8%), Oeganda (6,8%), en andere (34,0%). Het aandeel van de overheidsuitgaven in BBP van de leiders: Zimbabwe (22,5%), Tanzania (13,9%), Kenia (13,1%), Oeganda (12,6%) en Ethiopië (10,7%). De overheidsuitgaven per hoofd in Oost-Afrika onder de leiders: Zimbabwe ($229,5), Kenia ($61,0), Tanzania ($40,5), Oeganda ($36,7) en Ethiopië ($16,8). De groei van de overheidsuitgaven onder de leiders: Oeganda (7,3%), Kenia (6,5%), Ethiopië (2,6%), Tanzania (-1,5%) en Zimbabwe (-2,9%).

de jaren 2000

De overheidsuitgaven van Oost-Afrika bedroeg in de jaren 2000 US$16,4 miljard per jaar, en was vergelijkbaar met Roemenië (US$16,8 miljard). Het aandeel in de wereld was 0,21%, en 11,0% in Afrika.

Het aandeel van de overheidsuitgaven in het BBP van Oost-Afrika was 13,4% in de jaren 2000, en was vergelijkbaar met Afrika (13,4%), Noord-Afrika (13,5%), Algerije (13,4%).

De overheidsuitgaven per hoofd in Oost-Afrika was $57,6 in de jaren 2000s, en was vergelijkbaar met Niger (US$57,1). De overheidsuitgaven per hoofd in Oost-Afrika was in 20,9 keer lager dan de overheidsuitgaven per hoofd van de bevolking in de wereld ($1.200,9), en was in 2,9 keer lager dan de overheidsuitgaven per hoofd van de bevolking in Afrika ($1.200,9).

De groei van de overheidsuitgaven in Oost-Afrika bedroeg 5.2% in de jaren 2000, en was vergelijkbaar met Andorra (5,2%), Turkmenistan (5,2%), Bermuda (5,2%). De groei van de overheidsuitgaven in Oost-Afrika (5,2%) was groter dan de groei van de overheidsuitgaven in de wereld (3,1%), was groter dan de groei van de overheidsuitgaven in Afrika (5,0%).

Vergelijking met subregio's. De overheidsuitgaven van Oost-Afrika was groter dan in Centraal-Afrika (US$13,7 miljard); maar minder dan in Noord-Afrika (US$52,0 miljard), in Zuidelijk Afrika (US$45,2 miljard) en in West-Afrika (US$22,2 miljard). De overheidsuitgaven per hoofd in Oost-Afrika was in Oost-Afrika minder dan in Zuidelijk Afrika (US$830,5), in Noord-Afrika (US$273,2), in Centraal-Afrika

(US$123,1) en in West-Afrika (US$83,5). De groei van de overheidsuitgaven in Oost-Afrika was groter dan in Zuidelijk Afrika (4,5%), in Noord-Afrika (3,6%) en in Centraal-Afrika (2,0%); maar minder dan in West-Afrika (12,3%).

Leiders. De overheidsuitgaven van Oost-Afrika in de jaren 2000 bestond uit: Kenia (20,5%), Tanzania (12,8%), Ethiopië (10,7%), Mozambique (8,4%), Oeganda (8,3%), en andere (39,3%). Het aandeel van de overheidsuitgaven in BBP van de leiders: Mozambique (16,5%), Kenia (14,5%), Ethiopië (12,4%), Oeganda (11,9%) en Tanzania (11,3%). De overheidsuitgaven per hoofd in Oost-Afrika onder de leiders: Kenia ($93,1), Mozambique ($68,0), Tanzania ($55,4), Oeganda ($49,7) en Ethiopië ($23,4). De groei van de overheidsuitgaven onder de leiders: Mozambique (10,7%), Tanzania (10,0%), Oeganda (4,9%), Ethiopië (3,5%) en Kenia (3,4%).

de jaren 2010

De overheidsuitgaven van Oost-Afrika bedroeg in de jaren 2010 US$41,3 miljard per jaar, en was vergelijkbaar met Portugal (US$41,3 miljard), Ierland (US$41,9 miljard), Maleisië (US$40,6 miljard). Het aandeel in de wereld was 0,32%, en 12,6% in Afrika.

Het aandeel van de overheidsuitgaven in het BBP van Oost-Afrika was 13,1% in de jaren 2010, en was vergelijkbaar met Chili (13,1%).

De overheidsuitgaven per hoofd in Oost-Afrika was $107,4 in de jaren 2010s, en was vergelijkbaar met Togo (US$106,0). De overheidsuitgaven per hoofd in Oost-Afrika was in 16,6 keer lager dan de overheidsuitgaven per hoofd van de bevolking in de wereld ($1.785,1), en was in 2,6 keer lager dan de overheidsuitgaven per hoofd van de bevolking in Afrika ($1.785,1).

De groei van de overheidsuitgaven in Oost-Afrika bedroeg 7.4% in de jaren 2010. De groei van de overheidsuitgaven in Oost-Afrika (7,4%) was groter dan de groei van de overheidsuitgaven in de wereld (2,3%), was groter dan de groei van de overheidsuitgaven in Afrika (3,0%).

Vergelijking met subregio's. De overheidsuitgaven van Oost-Afrika was 19,6% groter dan in Centraal-Afrika (US$34,5 miljard); maar 2,8 keer minder dan in Noord-Afrika (US$115,2 miljard), 49,7% minder dan in Zuidelijk Afrika (US$82,0 miljard) en 25,5% minder dan in West-Afrika (US$55,4 miljard). De overheidsuitgaven per hoofd in Oost-Afrika was in Oost-Afrika12,2 keer minder dan in Zuidelijk Afrika (US$1.311,7), 4,8 keer minder dan in Noord-Afrika (US$520,4), 2,1 keer minder dan in Centraal-Afrika (US$226,6) en 32,5% minder dan in West-Afrika (US$159,2). De groei van de overheidsuitgaven in Oost-Afrika was groter dan in Noord-Afrika (2,7%), in West-Afrika (2,3%), in Centraal-Afrika (2,3%) en in Zuidelijk Afrika (2,1%).

Leiders. De overheidsuitgaven van Oost-Afrika in de jaren 2010 bestond uit: Kenia (21,1%), Ethiopië (13,9%), Tanzania (10,8%), Zimbabwe (9,3%), Mozambique (8,2%), en andere (36,7%). Het aandeel van de overheidsuitgaven in BBP van de leiders: Mozambique (22,9%), Zimbabwe (20,2%), Kenia (13,5%), Ethiopië (9,8%) en Tanzania (9,2%). De overheidsuitgaven per hoofd in Oost-Afrika onder de leiders: Zimbabwe ($280,8), Kenia ($184,5), Mozambique ($126,4), Tanzania ($87,4) en Ethiopië ($57,5). De groei van de overheidsuitgaven onder de leiders: Zimbabwe (16,2%), Ethiopië (11,8%), Mozambique (10,9%), Kenia (5,4%) en Tanzania (3,5%).

Hoofdstuk XIII. Huishoudelijke uitgaven

Consumptieve bestedingen van de huishoudens

De huishoudelijke uitgaven van Oost-Afrika steeg van US$23,8 miljard per jaar in de jaren 1970 tot US$226,8 miljard per jaar in de jaren 2010, dat wil zeggen met US$203,0 miljard of 9,5 keer. De verandering vond plaats op US$110,5 miljard als gevolg van een 1,9-voudige stijging van de prijzen, en ook op US$40,5 miljard als gevolg van een 1,5-voudige toename van het tarief per hoofd , evenals op US$52,0 miljard als gevolg van de toename van de bevolking. De gemiddelde jaarlijkse groei van de huishoudelijke uitgaven is 4,0%. De minimumwaarde van de huishoudelijke uitgaven bedroeg US$13,6 miljard in 1970. De maximumwaarde van de huishoudelijke uitgaven bedroeg US$290,1 miljard in 2019.

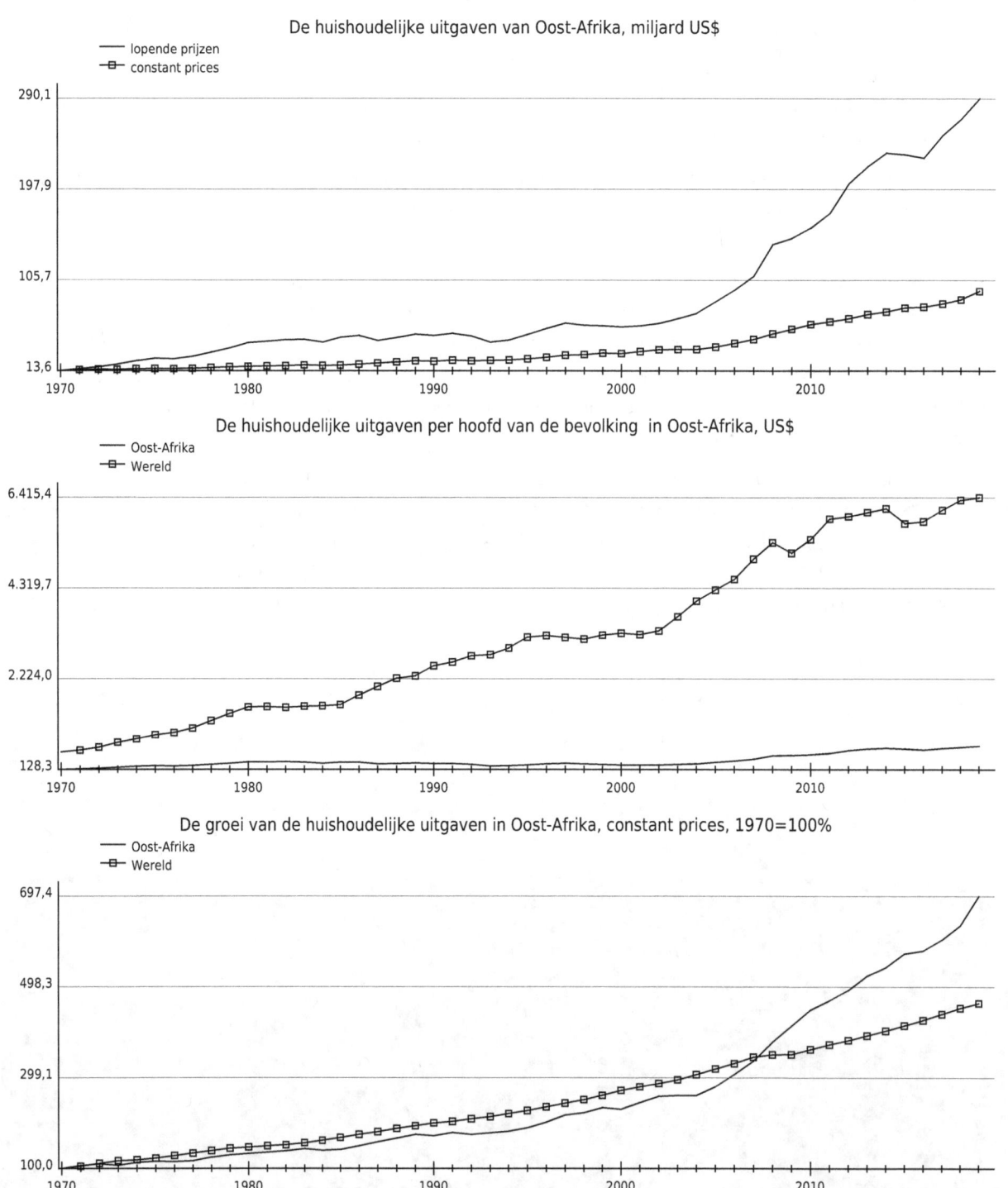

De huishoudelijke uitgaven van Oost-Afrika, miljard US$

De huishoudelijke uitgaven per hoofd van de bevolking in Oost-Afrika, US$

De groei van de huishoudelijke uitgaven in Oost-Afrika, constant prices, 1970=100%

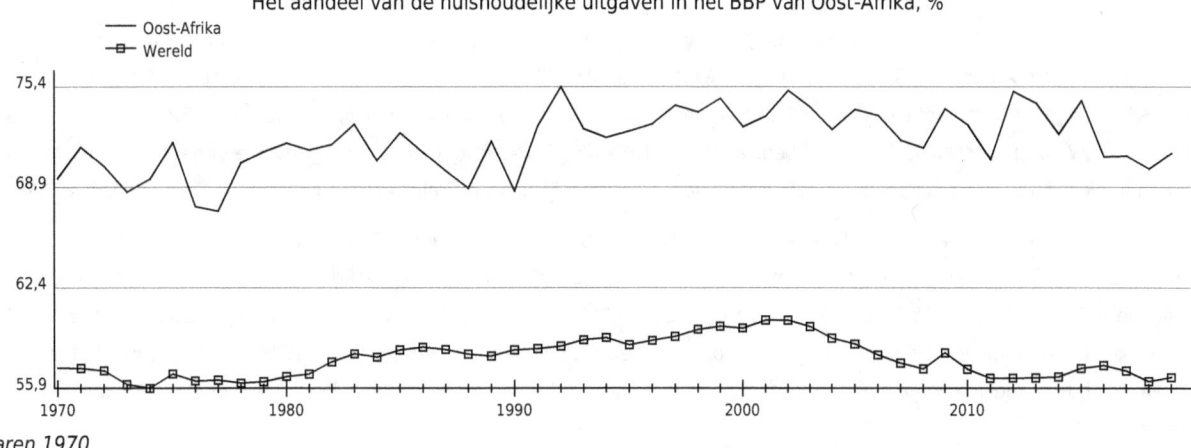

Het aandeel van de huishoudelijke uitgaven in het BBP van Oost-Afrika, %

de jaren 1970

De huishoudelijke uitgaven van Oost-Afrika bedroeg in de jaren 1970 US$23,8 miljard per jaar. Het aandeel in de wereld was 0,64%, en 21,4% in Afrika.

Het aandeel van de huishoudelijke uitgaven in het BBP van Oost-Afrika was 69,8% in de jaren 1970, en was vergelijkbaar met Kameroen (69,6%), Portugal (70,0%), Malta (70,0%).

De huishoudelijke uitgaven per hoofd in Oost-Afrika was $197,3 in de jaren 1970s, en was vergelijkbaar met Pakistan (US$197,7), Sierra Leone (US$199,0). De huishoudelijke uitgaven per hoofd in Oost-Afrika was in 4,6 keer lager dan de huishoudelijke uitgaven per hoofd van de bevolking in de wereld ($914,8), en was 27,2% lager dan de huishoudelijke uitgaven per hoofd van de bevolking in Afrika ($914,8).

De groei van de huishoudelijke uitgaven in Oost-Afrika bedroeg 2.9% in de jaren 1970, en was vergelijkbaar met Micronesië (2,9%). De groei van de huishoudelijke uitgaven in Oost-Afrika (2,9%) was minder dan de groei van de huishoudelijke uitgaven in de wereld (4,1%), was minder dan de groei van de huishoudelijke uitgaven in Afrika (4,1%).

Vergelijking met subregio's. De huishoudelijke uitgaven van Oost-Afrika was groter dan in West-Afrika (US$22,8 miljard), in Zuidelijk Afrika (US$20,5 miljard) en in Centraal-Afrika (US$12,6 miljard); maar minder dan in Noord-Afrika (US$31,5 miljard). De huishoudelijke uitgaven per hoofd in Oost-Afrika was in Oost-Afrika groter dan in West-Afrika (US$191,4); maar minder dan in Zuidelijk Afrika (US$725,1), in Noord-Afrika (US$326,5) en in Centraal-Afrika (US$276,6). De groei van de huishoudelijke uitgaven in Oost-Afrika was groter dan in Centraal-Afrika (1,4%); maar minder dan in Noord-Afrika (6,2%), in West-Afrika (4,2%) en in Zuidelijk Afrika (3,5%).

Leiders. De huishoudelijke uitgaven van Oost-Afrika in de jaren 1970 bestond uit: Mozambique (19,5%), Kenia (14,5%), Ethiopië (12,9%), Tanzania (11,3%), Zimbabwe (11,3%), en andere (30,5%). Het aandeel van de huishoudelijke uitgaven in BBP van de leiders: Mozambique (82,2%), Ethiopië (79,3%), Kenia (69,2%), Zimbabwe (59,1%) en Tanzania (59,0%). De huishoudelijke uitgaven per hoofd in Oost-Afrika onder de leiders: Mozambique ($458,6), Zimbabwe ($433,0), Kenia ($258,1), Tanzania ($171,3) en Ethiopië ($92,3). De groei van de huishoudelijke uitgaven onder de leiders: Kenia (4,6%), Tanzania (4,2%), Mozambique (3,9%), Zimbabwe (3,5%) en Ethiopië (2,7%).

de jaren 1980

De huishoudelijke uitgaven van Oost-Afrika bedroeg in de jaren 1980 US$45,7 miljard per jaar, en was vergelijkbaar met Zuid-Afrika (US$45,4 miljard), de Caraïben (US$46,7 miljard). Het aandeel in de wereld was 0,52%, en 16,9% in Afrika.

Het aandeel van de huishoudelijke uitgaven in het BBP van Oost-Afrika was 71,3% in de jaren 1980, en was vergelijkbaar met Uruguay (71,5%), Zambia (70,9%).

De huishoudelijke uitgaven per hoofd in Oost-Afrika was $281,2 in de jaren 1980s, en was vergelijkbaar met Jemen (US$284,3), Bhutan (US$287,0), Tanzania (US$275,2). De huishoudelijke uitgaven per hoofd in Oost-Afrika was in 6,4 keer lager dan de huishoudelijke uitgaven per hoofd van de bevolking in de wereld ($1.808,0), en was 43,5% lager dan de huishoudelijke uitgaven per hoofd van de bevolking in Afrika ($1.808,0).

De groei van de huishoudelijke uitgaven in Oost-Afrika bedroeg 3% in de jaren 1980, en was vergelijkbaar met Noord-Europa (3,0%), de Centraal-Afrikaanse Republiek (3,0%), Melanesië (3,0%). De groei van de huishoudelijke uitgaven in Oost-Afrika (3,0%) was groter dan de groei van de huishoudelijke uitgaven in de wereld (3,0%), was groter dan de groei van de huishoudelijke uitgaven in Afrika (2,3%).

Vergelijking met subregio's. De huishoudelijke uitgaven van Oost-Afrika was groter dan in Centraal-Afrika (US$22,7 miljard); maar minder dan in Noord-Afrika (US$80,8 miljard), in West-Afrika (US$72,0 miljard) en in Zuidelijk Afrika (US$48,5 miljard). De huishoudelijke uitgaven per hoofd in Oost-Afrika was in Oost-Afrika minder dan in Zuidelijk Afrika (US$1.323,0), in Noord-Afrika (US$640,4), in West-Afrika (US$460,7) en in Centraal-Afrika (US$376,3). De groei van de huishoudelijke uitgaven in Oost-Afrika was groter dan in West-Afrika (-0,82%); maar minder dan in Noord-Afrika (4,5%), in Zuidelijk Afrika (3,4%) en in Centraal-Afrika (3,1%).

Leiders. De huishoudelijke uitgaven van Oost-Afrika in de jaren 1980 bestond uit: Kenia (15,8%), Ethiopië (14,6%), Tanzania (12,9%), Zimbabwe (12,4%), Mozambique (12,0%), en andere (32,3%). Het aandeel van de huishoudelijke uitgaven in BBP van de leiders: Mozambique (87,4%), Ethiopië (78,1%), Kenia (69,1%), Tanzania (66,4%) en Zimbabwe (56,7%). De huishoudelijke uitgaven per hoofd in Oost-Afrika onder de leiders: Zimbabwe ($648,1), Mozambique ($438,1), Kenia ($369,7), Tanzania ($275,2) en Ethiopië ($157,3). De groei van de huishoudelijke uitgaven onder de leiders: Tanzania (8,6%), Kenia (3,9%), Zimbabwe (3,0%), Ethiopië (1,0%) en Mozambique (0,12%).

de jaren 1990

De huishoudelijke uitgaven van Oost-Afrika bedroeg in de jaren 1990 US$52,5 miljard per jaar, en was vergelijkbaar met Pakistan (US$52,0 miljard). Het aandeel in de wereld was 0,31%, en 13,9% in Afrika.

Het aandeel van de huishoudelijke uitgaven in het BBP van Oost-Afrika was 73,0% in de jaren 1990, en was vergelijkbaar met de Centraal-Afrikaanse Republiek (73,0%), Ghana (73,0%), Senegal (73,4%).

De huishoudelijke uitgaven per hoofd in Oost-Afrika was $242,8 in de jaren 1990s, en was vergelijkbaar met Tsjaad (US$243,0), Malawi (US$243,0), Eritrea (US$244,9). De huishoudelijke uitgaven per hoofd in Oost-Afrika was in 12,2 keer lager dan de huishoudelijke uitgaven per hoofd van de bevolking in de wereld ($2.963,9), en was in 2,2 keer lager dan de huishoudelijke uitgaven per hoofd van de bevolking in Afrika ($2.963,9).

De groei van de huishoudelijke uitgaven in Oost-Afrika bedroeg 2.9% in de jaren 1990. De groei van de huishoudelijke uitgaven in Oost-Afrika (2,9%) was minder dan de groei van de huishoudelijke uitgaven in de wereld (3,0%), was groter dan de groei van de huishoudelijke uitgaven in Afrika (2,6%).

Vergelijking met subregio's. De huishoudelijke uitgaven van Oost-Afrika was groter dan in Centraal-Afrika (US$28,1 miljard); maar minder dan in Noord-Afrika (US$136,0 miljard), in Zuidelijk Afrika (US$91,2 miljard) en in West-Afrika (US$69,6 miljard). De huishoudelijke uitgaven per hoofd in Oost-Afrika was in Oost-Afrika minder dan in Zuidelijk Afrika (US$1.953,8), in Noord-Afrika (US$851,7), in Centraal-Afrika (US$341,9) en in West-Afrika (US$341,8). De groei van de huishoudelijke uitgaven in Oost-Afrika was groter dan in Zuidelijk Afrika (2,5%) en in Centraal-Afrika (-1,2%); maar minder dan in Noord-Afrika (3,2%) en in West-Afrika (3,1%).

Leiders. De huishoudelijke uitgaven van Oost-Afrika in de jaren 1990 bestond uit: Kenia (18,2%), Ethiopië (13,2%), Zimbabwe (13,0%), Tanzania (12,4%), Oeganda (8,0%), en andere (35,3%). Het aandeel van de huishoudelijke uitgaven in BBP van de leiders: Ethiopië (78,4%), Tanzania (76,8%), Kenia (74,6%), Oeganda (71,8%) en Zimbabwe (59,5%). De huishoudelijke uitgaven per hoofd in Oost-Afrika onder de leiders: Zimbabwe ($606,1), Kenia ($348,4), Tanzania ($223,3), Oeganda ($208,2) en Ethiopië ($123,1). De groei van de huishoudelijke uitgaven onder de leiders: Oeganda (7,4%), Tanzania (4,1%), Kenia (3,2%), Ethiopië (2,4%) en Zimbabwe (1,9%).

de jaren 2000

De huishoudelijke uitgaven van Oost-Afrika bedroeg in de jaren 2000 US$89,6 miljard per jaar, en was vergelijkbaar met Pakistan (US$89,9 miljard). Het aandeel in de wereld was 0,33%, en 13,4% in Afrika.

Het aandeel van de huishoudelijke uitgaven in het BBP van Oost-Afrika was 73,1% in de jaren 2000, en was vergelijkbaar met Mozambique (72,9%), de FS van Micronesië (73,4%), Somalië (72,8%).

De huishoudelijke uitgaven per hoofd in Oost-Afrika was $313,8 in de jaren 2000s, en was vergelijkbaar met Oeganda (US$308,2), Tadzjikistan (US$319,7). De huishoudelijke uitgaven per hoofd in Oost-Afrika was in 13,4 keer lager dan de huishoudelijke uitgaven per hoofd van de bevolking in de wereld ($4.208,2), en was in 2,3 keer lager dan de huishoudelijke uitgaven per hoofd van de bevolking in Afrika ($4.208,2).

De groei van de huishoudelijke uitgaven in Oost-Afrika bedroeg 5.9% in de jaren 2000, en was vergelijkbaar met de Dominicaanse Republiek (5,8%), Gambia (5,9%), Kosovo (5,9%). De groei van de huishoudelijke uitgaven in Oost-Afrika (5,9%) was groter dan de groei van de huishoudelijke uitgaven in de wereld (3,0%), was minder dan de groei van de huishoudelijke uitgaven in Afrika (6,0%).

Vergelijking met subregio's. De huishoudelijke uitgaven van Oost-Afrika was groter dan in Centraal-Afrika (US$49,1 miljard); maar minder dan in Noord-Afrika (US$209,4 miljard), in West-Afrika (US$174,5 miljard) en in Zuidelijk Afrika (US$144,6 miljard). De huishoudelijke uitgaven per hoofd in Oost-Afrika was in Oost-Afrika minder dan in Zuidelijk Afrika (US$2,7 duizend), in Noord-Afrika (US$1.099,8), in West-Afrika (US$658,0) en in Centraal-Afrika (US$442,5). De groei van de huishoudelijke uitgaven in Oost-Afrika was groter dan in Centraal-Afrika (5,3%), in Noord-Afrika (4,8%) en in Zuidelijk Afrika (4,1%); maar minder dan in West-Afrika (8,3%).

Leiders. De huishoudelijke uitgaven van Oost-Afrika in de jaren 2000 bestond uit: Kenia (19,9%), Tanzania (14,2%), Ethiopië (12,2%), Oeganda (9,4%), Zimbabwe (7,6%), en andere (36,7%). Het aandeel van de huishoudelijke uitgaven in BBP van de leiders: Zimbabwe (87,4%), Ethiopië (77,2%), Kenia (76,7%), Oeganda (73,9%) en Tanzania (67,9%). De huishoudelijke uitgaven per hoofd in Oost-Afrika onder de leiders: Zimbabwe ($562,8), Kenia ($491,3), Tanzania ($333,8), Oeganda ($308,2) en Ethiopië ($145,2). De groei van de huishoudelijke uitgaven onder de leiders: Ethiopië (9,0%), Oeganda (6,1%), Tanzania (5,6%), Zimbabwe (4,0%) en Kenia (3,3%).

de jaren 2010

De huishoudelijke uitgaven van Oost-Afrika bedroeg in de jaren 2010 US$226,8 miljard per jaar, en was vergelijkbaar met Iran (US$231,5 miljard), Oostenrijk (US$221,9 miljard). Het aandeel in de wereld was 0,51%, en 15,0% in Afrika.

Het aandeel van de huishoudelijke uitgaven in het BBP van Oost-Afrika was 72,2% in de jaren 2010, en was vergelijkbaar met de Marshalleilanden (72,3%), Servië (72,4%), Belize (71,7%).

De huishoudelijke uitgaven per hoofd in Oost-Afrika was $590,4 in de jaren 2010s, en was vergelijkbaar met Togo (US$593,2), Tanzania (US$596,8), Guinee-Bissau (US$581,0). De huishoudelijke uitgaven per hoofd in Oost-Afrika was in 10,2 keer lager dan de huishoudelijke uitgaven per hoofd van de bevolking in de wereld ($6.018,5), en was in 2,2 keer lager dan de huishoudelijke uitgaven per hoofd van de bevolking in Afrika ($6.018,5).

De groei van de huishoudelijke uitgaven in Oost-Afrika bedroeg 5.4% in de jaren 2010, en was vergelijkbaar met Turkmenistan (5,5%). De groei van de huishoudelijke uitgaven in Oost-Afrika (5,4%) was groter dan de groei van de huishoudelijke uitgaven in de wereld (2,8%), was groter dan de groei van de huishoudelijke uitgaven in Afrika (3,3%).

Vergelijking met subregio's. De huishoudelijke uitgaven van Oost-Afrika was 78,5% groter dan in Centraal-Afrika (US$127,0 miljard); maar 2,1 keer minder dan in West-Afrika (US$471,3 miljard), 49,5% minder dan in Noord-Afrika (US$449,1 miljard) en 4,0% minder dan in Zuidelijk Afrika (US$236,2 miljard). De huishoudelijke uitgaven per hoofd in Oost-Afrika was in Oost-Afrika6,4 keer minder dan in Zuidelijk Afrika (US$3,8 duizend), 3,4 keer minder dan in Noord-Afrika (US$2,0 duizend), 2,3 keer minder dan in West-Afrika (US$1.354,7) en 29,2% minder dan in Centraal-Afrika (US$834,3). De groei van de huishoudelijke uitgaven in Oost-Afrika was groter dan in Centraal-Afrika (4,4%), in Noord-Afrika (3,7%), in Zuidelijk Afrika (2,4%) en in West-Afrika (2,0%).

Leiders. De huishoudelijke uitgaven van Oost-Afrika in de jaren 2010 bestond uit: Kenia (22,8%), Ethiopië (17,9%), Tanzania (13,4%), Oeganda (8,6%), Zimbabwe (7,1%), en andere (30,3%). Het aandeel van de huishoudelijke uitgaven in BBP van de leiders: Zimbabwe (84,1%), Kenia (80,4%), Oeganda (75,2%), Ethiopië (69,3%) en Tanzania (63,1%). De huishoudelijke uitgaven per hoofd in Oost-Afrika onder de leiders: Zimbabwe ($1.169,3), Kenia ($1.095,0), Tanzania ($596,8), Oeganda ($514,0) en Ethiopië ($406,8). De groei van de huishoudelijke uitgaven onder de leiders: Ethiopië (9,3%), Kenia (6,1%), Tanzania (4,8%), Oeganda (4,8%) en Zimbabwe (2,8%).

Hoofdstuk XIV. Voedsel consumptie

Tijdens de onderzoeksperiode groeide de voedselconsumptie in plantaardige oliën (in 2,4 keer), melk (met 32,8%), groenten (met 23,9%), suiker (met 13,7%), peulvruchten (met 9,7%), fruit (met 6,0%), granen (met 4,5%), zetmeelrijke wortels (met 0,065%), maar daalde in stimulerende middelen (met 5,7%), noten (met 8,7%), vlees (met 14,4%), vis (met 16,0%), eieren (met 25,9%), alcoholische dranken (met 70,2%), specerijen (met 82,3%).

Dit zijn de correlatiecoëfficiënten tussen het bni per hoofd van de bevolking in constante prijzen en de voedselconsumptie: groenten (0.926), melk (0.912), plantaardige oliën (0.889), suiker (0.882), peulvruchten (0.739), granen (0.729), fruit (0.303), noten (0.123), stimulerende middelen (0.04), zetmeelrijke wortels (-0.204), vlees (-0.461), vis (-0.503), eieren (-0.551), alcoholische dranken (-0.693), specerijen (-0.788).

de jaren 1970

De consumptie van kcal in Oost-Afrika was 2.016,0 kcal/hoofd/dag in the 1970s, and was on a par with Algerije (2.018,2 kcal/hoofd/dag), Saint Lucia (2.019,0 kcal/hoofd/dag), Bangladesh (2.019,4 kcal/hoofd/dag). De consumptie van kcal in Oost-Afrika was minder dan in de wereld (2.403,2 kcal/hoofd/dag), en was minder dan in Afrika (2.120,4 kcal/hoofd/dag). De structuur van de consumptie: granen (50.4%), zetmeelrijke wortels (15.7%), peulvruchten (6.9%), fruit (4.6%), suiker (4.4%), en anderen (18%).

De consumptie van eiwitten in Oost-Afrika was 54,9 g/hoofd/dag in the 1970s, and was on a par with Maleisië (54,9 g/hoofd/dag), Afrika (54,9 g/hoofd/dag), Tsjaad (54,8 g/hoofd/dag). De consumptie van eiwitten in Oost-Afrika was minder dan in de wereld (65,0 g/hoofd/dag), en was groter dan in Afrika (54,9 g/hoofd/dag). De structuur van de consumptie: granen (47.3%), peulvruchten (16.9%), vlees (9.1%), zetmeelrijke wortels (5.7%), melk (4.9%), en anderen (16.1%).

De consumptie van vet in Oost-Afrika was 31,5 g/hoofd/dag in the 1970s, and was on a par with Zuid-Azië (31,5 g/hoofd/dag), Togo (31,6 g/hoofd/dag), India (31,3 g/hoofd/dag). De consumptie van vet in Oost-Afrika was minder dan in de wereld (55,1 g/hoofd/dag), en was minder dan in Afrika (43,8 g/hoofd/dag). De structuur van de consumptie: granen (24.1%), plantaardige oliën (20%), vlees (14.3%), melk (8.8%), peulvruchten (2.1%), en anderen (30.7%).

Dit zijn niveaus van voedselconsumptie: zetmeelrijke wortels (123,8 kg/hoofd/jr), granen (116,3 kg/hoofd/jr), fruit (53,2 kg/hoofd/jr), alcoholische dranken (51,0 kg/hoofd/jr), melk (30,8 kg/hoofd/jr), groenten (23,6 kg/hoofd/jr), peulvruchten (14,9 kg/hoofd/jr), vlees (12,7 kg/hoofd/jr), suiker (9,3 kg/hoofd/jr), vis (5,7 kg/hoofd/jr), plantaardige oliën (2,3 kg/hoofd/jr), eieren (1,3 kg/hoofd/jr), stimulerende middelen (1,1 kg/hoofd/jr), specerijen (1,0 kg/hoofd/jr), noten (0,67 kg/hoofd/jr).

de jaren 1980

De consumptie van kcal in Oost-Afrika was 2.005,1 kcal/hoofd/dag in the 1980s, and was on a par with West-Afrika (2.009,4 kcal/hoofd/dag), Bolivia (2.012,2 kcal/hoofd/dag), Soedan (1.997,9 kcal/hoofd/dag). De consumptie van kcal in Oost-Afrika was minder dan in de wereld (2.572,3 kcal/hoofd/dag), en was minder dan in Afrika (2.241,9 kcal/hoofd/dag). De structuur van de consumptie: granen (50.2%), zetmeelrijke wortels (17%), peulvruchten (6.3%), fruit (5.2%), suiker (4.5%), en anderen (16.8%).

De consumptie van eiwitten in Oost-Afrika was 52,2 g/hoofd/dag in the 1980s, and was on a par with Gambia (52,1 g/hoofd/dag), Burkina Faso (52,6 g/hoofd/dag). De consumptie van eiwitten in Oost-Afrika was minder dan in de wereld (69,1 g/hoofd/dag), en was minder dan in Afrika (57,5 g/hoofd/dag). De structuur van de consumptie: granen (49.2%), peulvruchten (16.3%), vlees (8.8%), zetmeelrijke wortels (6.1%), melk (5.3%), en anderen (14.3%).

De consumptie van vet in Oost-Afrika was 31,1 g/hoofd/dag in the 1980s. De consumptie van vet in Oost-Afrika was minder dan in de wereld (63,2 g/hoofd/dag), en was minder dan in Afrika (46,6 g/hoofd/dag). De structuur van de consumptie: plantaardige oliën (28.6%), granen (24%), vlees (13.5%), melk (9%), peulvruchten (1.9%), en anderen (23%).

Dit zijn niveaus van voedselconsumptie: zetmeelrijke wortels (130,2 kg/hoofd/jr), granen (114,9 kg/hoofd/jr), fruit (58,0 kg/hoofd/jr), alcoholische dranken (39,1 kg/hoofd/jr), melk (31,7 kg/hoofd/jr), groenten (22,0 kg/hoofd/jr), peulvruchten (13,6 kg/hoofd/jr), vlees (11,8 kg/hoofd/jr), suiker (9,4 kg/hoofd/jr), vis (5,6 kg/hoofd/jr), plantaardige oliën (3,3 kg/hoofd/jr), eieren (1,2 kg/hoofd/jr), stimulerende middelen (1,0 kg/hoofd/jr), specerijen (0,79 kg/hoofd/jr), noten (0,51 kg/hoofd/jr).

de jaren 1990

De consumptie van kcal in Oost-Afrika was 1.913,5 kcal/hoofd/dag in the 1990s, and was on a par with Nicaragua (1.914,0 kcal/hoofd/dag), de Centraal-Afrikaanse Republiek (1.908,7 kcal/hoofd/dag), Centraal-Afrika (1.906,7 kcal/hoofd/dag). De consumptie van kcal in Oost-Afrika was minder dan in de wereld (2.652,6 kcal/hoofd/dag), en was minder dan in Afrika (2.365,6 kcal/hoofd/dag). De structuur van de consumptie: granen (50.2%), zetmeelrijke wortels (16.6%), peulvruchten (6.2%), fruit (5.3%), plantaardige oliën (5%), en anderen (16.7%).

De consumptie van eiwitten in Oost-Afrika was 48,9 g/hoofd/dag in the 1990s, and was on a par with Madagaskar (48,9 g/hoofd/dag), Oeganda (48,7 g/hoofd/dag), Togo (49,2 g/hoofd/dag). De consumptie van eiwitten in Oost-Afrika was minder dan in de wereld (72,1 g/hoofd/dag), en was minder dan in Afrika (60,1 g/hoofd/dag). De structuur van de consumptie: granen (50.6%), peulvruchten (16%), vlees (8.3%), zetmeelrijke wortels (6.8%), melk (5%), en anderen (13.3%).

De consumptie van vet in Oost-Afrika was 31,2 g/hoofd/dag in the 1990s, and was on a par with Vietnam (31,5 g/hoofd/dag). De consumptie van vet in Oost-Afrika was minder dan in de wereld (69,0 g/hoofd/dag), en was minder dan in Afrika (48,6 g/hoofd/dag). De structuur van de consumptie: plantaardige oliën (34.8%), granen (21%), vlees (13.8%), melk (8.3%), peulvruchten (1.9%), en anderen (20.2%).

Dit zijn niveaus van voedselconsumptie: zetmeelrijke wortels (121,2 kg/hoofd/jr), granen (110,1 kg/hoofd/jr), fruit (54,6 kg/hoofd/jr), alcoholische dranken (33,9 kg/hoofd/jr), melk (28,2 kg/hoofd/jr), groenten (22,8 kg/hoofd/jr), peulvruchten (12,8 kg/hoofd/jr), vlees (10,6 kg/hoofd/jr), suiker (9,0 kg/hoofd/jr), vis (5,0 kg/hoofd/jr), plantaardige oliën (4,0 kg/hoofd/jr), eieren (1,00 kg/hoofd/jr), stimulerende middelen (0,74 kg/hoofd/jr), specerijen (0,69 kg/hoofd/jr), noten (0,56 kg/hoofd/jr).

de jaren 2000

De consumptie van kcal in Oost-Afrika was 2.054,2 kcal/hoofd/dag in the 2000s, and was on a par with Zimbabwe (2.057,2 kcal/hoofd/dag), Angola (2.047,0 kcal/hoofd/dag), Mozambique (2.072,7 kcal/hoofd/dag). De consumptie van kcal in Oost-Afrika was minder dan in de wereld (2.765,9 kcal/hoofd/dag), en was minder dan in Afrika (2.509,9 kcal/hoofd/dag). De structuur van de consumptie: granen (49.7%), zetmeelrijke wortels (16.3%), peulvruchten (6.7%), plantaardige oliën (5.6%), fruit (5%), en anderen (16.7%).

De consumptie van eiwitten in Oost-Afrika was 53,0 g/hoofd/dag in the 2000s, and was on a par with de Salomonseilanden (53,2 g/hoofd/dag). De consumptie van eiwitten in Oost-Afrika was minder dan in de wereld (76,5 g/hoofd/dag), en was minder dan in Afrika (65,1 g/hoofd/dag). De structuur van de consumptie: granen (49.8%), peulvruchten (16.9%), vlees (7.7%), zetmeelrijke wortels (7.2%), melk (5.8%), en anderen (12.6%).

De consumptie van vet in Oost-Afrika was 34,3 g/hoofd/dag in the 2000s. De consumptie van vet in Oost-Afrika was minder dan in de wereld (76,9 g/hoofd/dag), en was minder dan in Afrika (52,8 g/hoofd/dag). De structuur van de consumptie: plantaardige oliën (38.1%), granen (18.3%), vlees (13%), melk (9.2%), peulvruchten (2.1%), en anderen (19.3%).

Dit zijn niveaus van voedselconsumptie: zetmeelrijke wortels (125,3 kg/hoofd/jr), granen (116,4 kg/hoofd/jr), fruit (57,5 kg/hoofd/jr), melk (35,4 kg/hoofd/jr), alcoholische dranken (29,7 kg/hoofd/jr), groenten (23,5 kg/hoofd/jr), peulvruchten (14,8 kg/hoofd/jr), vlees (10,7 kg/hoofd/jr), suiker (10,1 kg/hoofd/jr), plantaardige oliën (4,8 kg/hoofd/jr), vis (4,2 kg/hoofd/jr), eieren (0,91 kg/hoofd/jr), stimulerende middelen (0,77 kg/hoofd/jr), specerijen (0,70 kg/hoofd/jr), noten (0,53 kg/hoofd/jr).

de jaren 2010

De consumptie van kcal in Oost-Afrika was 2.159,3 kcal/hoofd/dag in the 2010s, and was on a par with Oeganda (2.167,0 kcal/hoofd/dag), Zimbabwe (2.168,8 kcal/hoofd/dag), Congo-Brazzaville (2.173,5 kcal/hoofd/dag). De consumptie van kcal in Oost-Afrika was minder dan in de wereld (2.869,3 kcal/hoofd/dag), en was minder dan in Afrika (2.612,5 kcal/hoofd/dag). De structuur van de consumptie: granen (49.4%), zetmeelrijke wortels (15.3%), peulvruchten (7%), plantaardige oliën (6.1%), suiker (4.7%), en anderen (17.5%).

De consumptie van eiwitten in Oost-Afrika was 57,0 g/hoofd/dag in the 2010s, and was on a par with Oost-Timor (57,1 g/hoofd/dag), Swaziland (57,1 g/hoofd/dag), Tadzjikistan (57,2 g/hoofd/dag). De consumptie van eiwitten in Oost-Afrika was minder dan in de wereld (80,6 g/hoofd/dag), en was minder dan in Afrika (69,0 g/hoofd/dag). De structuur van de consumptie: granen (48.2%), peulvruchten (17.5%), vlees (7.4%), zetmeelrijke wortels (6.7%), melk (6.2%), en anderen (14%).

De consumptie van vet in Oost-Afrika was 38,6 g/hoofd/dag in the 2010s. De consumptie van vet in Oost-Afrika was minder dan in de wereld (82,4 g/hoofd/dag), en was minder dan in Afrika (54,7 g/hoofd/dag). De structuur van de consumptie: plantaardige oliën

(38.4%), granen (16.6%), vlees (12.1%), melk (9.3%), peulvruchten (2.1%), en anderen (21.5%).

Dit zijn niveaus van voedselconsumptie: zetmeelrijke wortels (123,9 kg/hoofd/jr), granen (121,6 kg/hoofd/jr), fruit (56,4 kg/hoofd/jr), melk (40,9 kg/hoofd/jr), alcoholische dranken (30,0 kg/hoofd/jr), groenten (29,2 kg/hoofd/jr), peulvruchten (16,3 kg/hoofd/jr), vlees (11,1 kg/hoofd/jr), suiker (10,6 kg/hoofd/jr), plantaardige oliën (5,4 kg/hoofd/jr), vis (4,9 kg/hoofd/jr), stimulerende middelen (1,0 kg/hoofd/jr), eieren (1,0 kg/hoofd/jr), noten (0,62 kg/hoofd/jr), specerijen (0,57 kg/hoofd/jr).

Part V. Reproductie

Index van Koesjnir, (-) consumptie - (+) reproductie

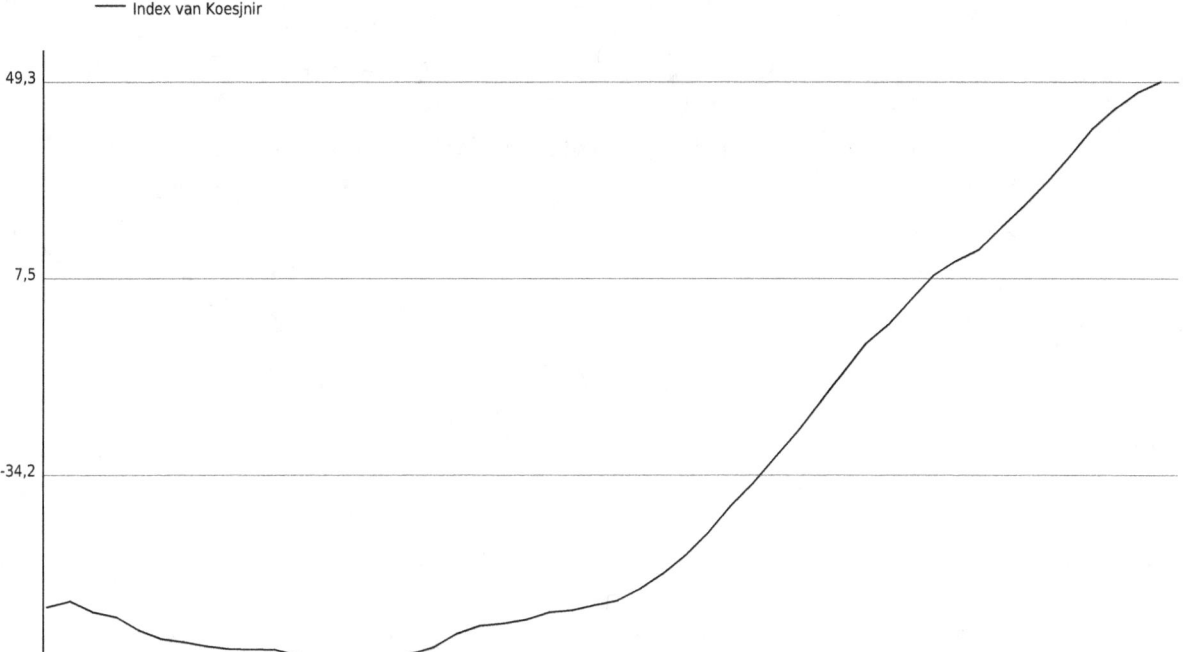

Hoofdstuk XV. Bruto-investeringen in vaste activa

De investeringen in vaste activa van Oost-Afrika steeg van US$5,2 miljard per jaar in de jaren 1970 tot US$82,9 miljard per jaar in de jaren 2010, dat wil zeggen met US$77,6 miljard of 15,8 keer. De verandering vond plaats op US$51,1 miljard als gevolg van een 2,6-voudige stijging van de prijzen, en ook op US$15,1 miljard als gevolg van een 1,9-voudige toename van het tarief per hoofd , evenals op US$11,4 miljard als gevolg van de toename van de bevolking. De gemiddelde jaarlijkse groei van de investeringen in vaste activa is 4,7%. De minimumwaarde van de investeringen in vaste activa bedroeg US$3,2 miljard in 1970. De maximumwaarde van de investeringen in vaste activa bedroeg US$114,2 miljard in 2019.

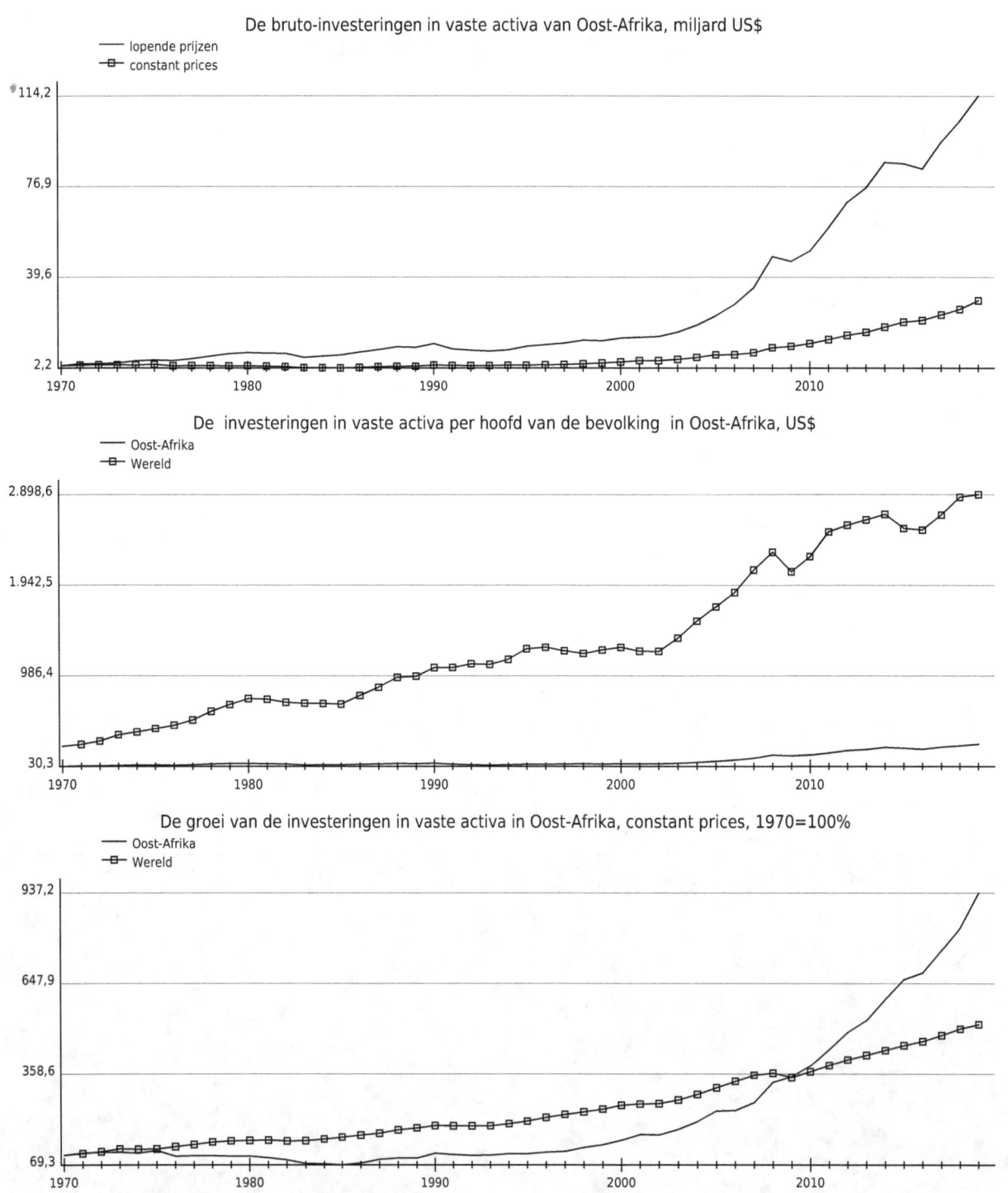

De bruto-investeringen in vaste activa van Oost-Afrika, miljard US$

De investeringen in vaste activa per hoofd van de bevolking in Oost-Afrika, US$

De groei van de investeringen in vaste activa in Oost-Afrika, constant prices, 1970=100%

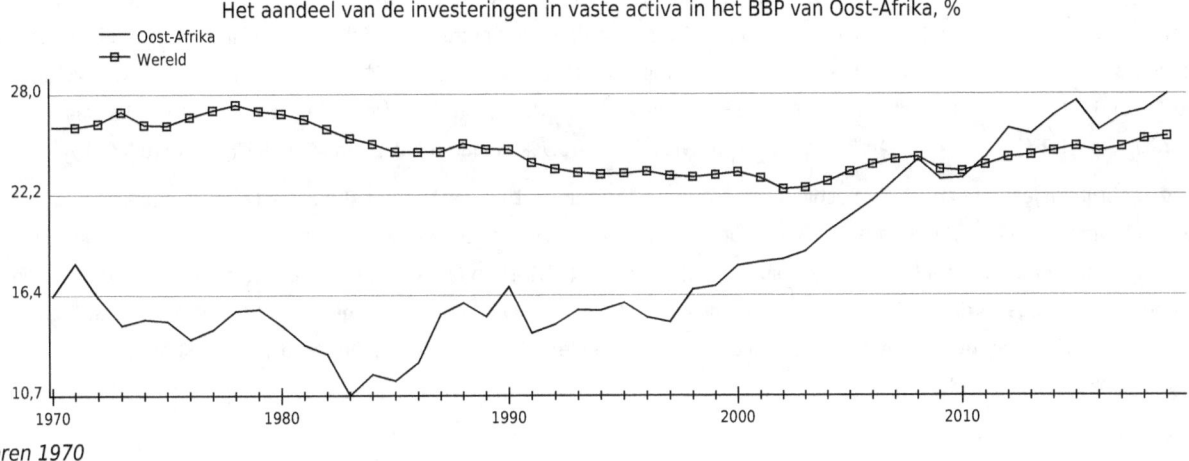

Het aandeel van de investeringen in vaste activa in het BBP van Oost-Afrika, %

de jaren 1970

De investeringen in vaste activa van Oost-Afrika bedroeg in de jaren 1970 US$5,2 miljard per jaar. Het aandeel in de wereld was 0,30%, en 4,4% in Afrika.

Het aandeel van de investeringen in vaste activa in het BBP van Oost-Afrika was 15,3% in de jaren 1970, en was vergelijkbaar met Tsjaad (15,4%).

De investeringen in vaste activa per hoofd in Oost-Afrika was $43,3 in de jaren 1970s. De bruto-investeringen in vaste activa per hoofd in Oost-Afrika was in 10,0 keer lager dan de investeringen in vaste activa per hoofd van de bevolking in de wereld ($433,5), en was in 6,7 keer lager dan de investeringen in vaste activa per hoofd van de bevolking in Afrika ($433,5).

De groei van de investeringen in vaste activa in Oost-Afrika bedroeg -0.3% in de jaren 1970. De groei van de investeringen in vaste activa in Oost-Afrika (-0,32%) was minder dan de groei van de investeringen in vaste activa in de wereld (4,2%), was minder dan de groei van de investeringen in vaste activa in Afrika (7,1%).

Vergelijking met subregio's. De investeringen in vaste activa van Oost-Afrika was minder dan in West-Afrika (US$82,0 miljard), in Noord-Afrika (US$15,9 miljard), in Zuidelijk Afrika (US$10,1 miljard) en in Centraal-Afrika (US$5,7 miljard). De bruto-investeringen in vaste activa per hoofd in Oost-Afrika was in Oost-Afrika minder dan in West-Afrika (US$687,4), in Zuidelijk Afrika (US$357,0), in Noord-Afrika (US$164,8) en in Centraal-Afrika (US$126,3). De groei van de investeringen in vaste activa in Oost-Afrika was minder dan in Noord-Afrika (9,5%), in West-Afrika (8,5%), in Zuidelijk Afrika (3,7%) en in Centraal-Afrika (2,5%).

Leiders. De bruto-investeringen in vaste activa van Oost-Afrika in de jaren 1970 bestond uit: Tanzania (24,1%), Kenia (17,3%), Mozambique (13,3%), Oeganda (12,3%), Ethiopië (7,2%), en andere (25,7%). Het aandeel van de investeringen in vaste activa in BBP van de leiders: Tanzania (27,7%), Oeganda (26,3%), Kenia (18,1%), Mozambique (12,4%) en Ethiopië (9,7%). De investeringen in vaste activa per hoofd in Oost-Afrika onder de leiders: Tanzania ($80,5), Mozambique ($69,1), Kenia ($67,5), Oeganda ($60,2) en Ethiopië ($11,3). De groei van de investeringen in vaste activa onder de leiders: Tanzania (4,2%), Mozambique (3,9%), Kenia (3,1%), Ethiopië (-0,78%) en Oeganda (-1,6%).

de jaren 1980

De investeringen in vaste activa van Oost-Afrika bedroeg in de jaren 1980 US$8,6 miljard per jaar. Het aandeel in de wereld was 0,23%, en 4,4% in Afrika.

Het aandeel van de investeringen in vaste activa in het BBP van Oost-Afrika was 13,5% in de jaren 1980, en was vergelijkbaar met Soedan (13,4%), Ethiopië (13,4%), Afghanistan (13,3%).

De investeringen in vaste activa per hoofd in Oost-Afrika was $53,2 in de jaren 1980s, en was vergelijkbaar met Benin (US$52,7), Burkina Faso (US$54,2). De investeringen in vaste activa per hoofd in Oost-Afrika was in 14,9 keer lager dan de investeringen in vaste activa per hoofd van de bevolking in de wereld ($790,9), en was in 6,8 keer lager dan de investeringen in vaste activa per hoofd van de bevolking in Afrika ($790,9).

De groei van de investeringen in vaste activa in Oost-Afrika bedroeg -0.7% in de jaren 1980. De groei van de investeringen in vaste activa in Oost-Afrika (-0,67%) was minder dan de groei van de investeringen in vaste activa in de wereld (2,5%), was groter dan de groei van de investeringen in vaste activa in Afrika (-3,3%).

Vergelijking met subregio's. De bruto-investeringen in vaste activa van Oost-Afrika was minder dan in West-Afrika (US$118,6 miljard), in Noord-Afrika (US$38,3 miljard), in Zuidelijk Afrika (US$20,8 miljard) en in Centraal-Afrika (US$9,8 miljard). De bruto-investeringen in vaste activa per hoofd in Oost-Afrika was in Oost-Afrika minder dan in West-Afrika (US$759,4), in Zuidelijk Afrika (US$566,4), in Noord-Afrika (US$303,5) en in Centraal-Afrika (US$162,8). De groei van de investeringen in vaste activa in Oost-Afrika was groter dan in Noord-Afrika (-1,2%), in Centraal-Afrika (-1,3%) en in West-Afrika (-6,7%); maar minder dan in Zuidelijk Afrika (0,63%).

Leiders. De bruto-investeringen in vaste activa van Oost-Afrika in de jaren 1980 bestond uit: Tanzania (25,4%), Kenia (20,1%), Ethiopië (13,2%), Mozambique (7,3%), Oeganda (6,5%), en andere (27,5%). Het aandeel van de investeringen in vaste activa in BBP van de leiders: Tanzania (24,8%), Kenia (16,6%), Ethiopië (13,4%), Oeganda (11,2%) en Mozambique (10,1%). De bruto-investeringen in vaste activa per hoofd in Oost-Afrika onder de leiders: Tanzania ($102,8), Kenia ($88,7), Mozambique ($50,6), Oeganda ($38,6) en Ethiopië ($26,9). De groei van de investeringen in vaste activa onder de leiders: Ethiopië (8,2%), Oeganda (5,7%), Kenia (-0,36%), Tanzania (-4,4%) en Mozambique (-4,9%).

de jaren 1990

De investeringen in vaste activa van Oost-Afrika bedroeg in de jaren 1990 US$11,3 miljard per jaar, en was vergelijkbaar met Pakistan (US$11,1 miljard), Nieuw-Zeeland (US$11,5 miljard). Het aandeel in de wereld was 0,17%, en 9,2% in Afrika.

Het aandeel van de investeringen in vaste activa in het BBP van Oost-Afrika was 15,7% in de jaren 1990.

De investeringen in vaste activa per hoofd in Oost-Afrika was $52,2 in de jaren 1990s, en was vergelijkbaar met Laos (US$52,5). De investeringen in vaste activa per hoofd in Oost-Afrika was in 22,7 keer lager dan de investeringen in vaste activa per hoofd van de bevolking in de wereld ($1.183,8), en was in 3,3 keer lager dan de investeringen in vaste activa per hoofd van de bevolking in Afrika ($1.183,8).

De groei van de investeringen in vaste activa in Oost-Afrika bedroeg 3.9% in de jaren 1990, en was vergelijkbaar met Oceanië (3,9%). De groei van de investeringen in vaste activa in Oost-Afrika (3,9%) was groter dan de groei van de investeringen in vaste activa in de wereld (2,8%), was groter dan de groei van de investeringen in vaste activa in Afrika (3,2%).

Vergelijking met subregio's. De investeringen in vaste activa van Oost-Afrika was groter dan in Centraal-Afrika (US$7,9 miljard); maar minder dan in Noord-Afrika (US$43,2 miljard), in West-Afrika (US$34,1 miljard) en in Zuidelijk Afrika (US$26,1 miljard). De bruto-investeringen in vaste activa per hoofd in Oost-Afrika was in Oost-Afrika minder dan in Zuidelijk Afrika (US$559,4), in Noord-Afrika (US$270,7), in West-Afrika (US$167,7) en in Centraal-Afrika (US$96,4). De groei van de investeringen in vaste activa in Oost-Afrika was groter dan in West-Afrika (3,0%), in Noord-Afrika (2,6%) en in Zuidelijk Afrika (1,5%); maar minder dan in Centraal-Afrika (7,6%).

Leiders. De investeringen in vaste activa van Oost-Afrika in de jaren 1990 bestond uit: Tanzania (20,9%), Kenia (18,2%), Oeganda (10,7%), Ethiopië (10,7%), Mauritius (8,6%), en andere (30,8%). Het aandeel van de investeringen in vaste activa in BBP van de leiders: Tanzania (27,9%), Mauritius (25,2%), Oeganda (20,7%), Kenia (16,1%) en Ethiopië (13,7%). De investeringen in vaste activa per hoofd in Oost-Afrika onder de leiders: Mauritius ($871,0), Tanzania ($81,1), Kenia ($75,0), Oeganda ($60,2) en Ethiopië ($21,5). De groei van de investeringen in vaste activa onder de leiders: Oeganda (8,1%), Mauritius (6,5%), Tanzania (4,8%), Kenia (3,1%) en Ethiopië (-1,0%).

de jaren 2000

De investeringen in vaste activa van Oost-Afrika bedroeg in de jaren 2000 US$26,3 miljard per jaar, en was vergelijkbaar met Algerije (US$26,3 miljard), Chili (US$26,2 miljard), Centraal-Azië (US$26,6 miljard). Het aandeel in de wereld was 0,24%, en 10,3% in Afrika.

Het aandeel van de investeringen in vaste activa in het BBP van Oost-Afrika was 21,5% in de jaren 2000, en was vergelijkbaar met Amerika (21,4%), de Nederland (21,4%), Benin (21,5%).

De investeringen in vaste activa per hoofd in Oost-Afrika was $92,0 in de jaren 2000s, en was vergelijkbaar met Cambodja (US$92,4), Madagaskar (US$91,2). De bruto-investeringen in vaste activa per hoofd in Oost-Afrika was in 18,4 keer lager dan de investeringen in vaste activa per hoofd van de bevolking in de wereld ($1.690,7), en was in 3,1 keer lager dan de investeringen in vaste activa per hoofd van de bevolking in Afrika ($1.690,7).

De groei van de investeringen in vaste activa in Oost-Afrika bedroeg 10.1% in de jaren 2000, en was vergelijkbaar met de Verenigde Arabische Emiraten (10,0%), Servië (10,2%). De groei van de investeringen in vaste activa in Oost-Afrika (10,1%) was groter dan de groei van de investeringen in vaste activa in de wereld (3,5%), was groter dan de groei van de investeringen in vaste activa in Afrika

(5,6%).

Vergelijking met subregio's. De investeringen in vaste activa van Oost-Afrika was groter dan in Centraal-Afrika (US$25,7 miljard); maar minder dan in Noord-Afrika (US$94,3 miljard), in West-Afrika (US$62,5 miljard) en in Zuidelijk Afrika (US$45,8 miljard). De investeringen in vaste activa per hoofd in Oost-Afrika was in Oost-Afrika minder dan in Zuidelijk Afrika (US$842,8), in Noord-Afrika (US$495,7), in West-Afrika (US$235,5) en in Centraal-Afrika (US$231,7). De groei van de investeringen in vaste activa in Oost-Afrika was groter dan in Zuidelijk Afrika (7,2%), in Noord-Afrika (6,7%), in Centraal-Afrika (5,8%) en in West-Afrika (2,1%).

Leiders. De investeringen in vaste activa van Oost-Afrika in de jaren 2000 bestond uit: Tanzania (20,5%), Kenia (16,3%), Ethiopië (13,6%), Oeganda (11,4%), Zambia (9,0%), en andere (29,1%). Het aandeel van de investeringen in vaste activa in BBP van de leiders: Tanzania (28,8%), Oeganda (26,2%), Zambia (26,0%), Ethiopië (25,2%) en Kenia (18,4%). De bruto-investeringen in vaste activa per hoofd in Oost-Afrika onder de leiders: Zambia ($202,3), Tanzania ($141,5), Kenia ($118,1), Oeganda ($109,4) en Ethiopië ($47,4). De groei van de investeringen in vaste activa onder de leiders: Ethiopië (16,1%), Zambia (11,9%), Tanzania (11,3%), Oeganda (10,4%) en Kenia (8,0%).

de jaren 2010

De investeringen in vaste activa van Oost-Afrika bedroeg in de jaren 2010 US$82,9 miljard per jaar, en was vergelijkbaar met Singapore (US$81,0 miljard). Het aandeel in de wereld was 0,43%, en 16,1% in Afrika.

Het aandeel van de investeringen in vaste activa in het BBP van Oost-Afrika was 26,4% in de jaren 2010, en was vergelijkbaar met Bahrein (26,4%), Tsjechië (26,1%), Sao Tomé en Principe (26,1%).

De bruto-investeringen in vaste activa per hoofd in Oost-Afrika was $215,7 in de jaren 2010s, en was vergelijkbaar met Nepal (US$219,2), de Comoren (US$210,4). De investeringen in vaste activa per hoofd in Oost-Afrika was in 12,2 keer lager dan de investeringen in vaste activa per hoofd van de bevolking in de wereld ($2.621,1), en was in 2,0 keer lager dan de investeringen in vaste activa per hoofd van de bevolking in Afrika ($2.621,1).

De groei van de investeringen in vaste activa in Oost-Afrika bedroeg 10.4% in de jaren 2010, en was vergelijkbaar met Nepal (10,3%), Tuvalu (10,3%), Myanmar (10,5%). De groei van de investeringen in vaste activa in Oost-Afrika (10,4%) was groter dan de groei van de investeringen in vaste activa in de wereld (4,1%), was groter dan de groei van de investeringen in vaste activa in Afrika (3,1%).

Vergelijking met subregio's. De investeringen in vaste activa van Oost-Afrika was 5,6% groter dan in Zuidelijk Afrika (US$78,4 miljard) en 33,2% groter dan in Centraal-Afrika (US$62,2 miljard); maar 2,1 keer minder dan in Noord-Afrika (US$170,8 miljard) en 31,1% minder dan in West-Afrika (US$120,2 miljard). De bruto-investeringen in vaste activa per hoofd in Oost-Afrika was in Oost-Afrika5,8 keer minder dan in Zuidelijk Afrika (US$1.254,8), 3,6 keer minder dan in Noord-Afrika (US$771,6), 47,2% minder dan in Centraal-Afrika (US$408,5) en 37,6% minder dan in West-Afrika (US$345,5). De groei van de investeringen in vaste activa in Oost-Afrika was groter dan in West-Afrika (2,9%), in Noord-Afrika (2,2%), in Zuidelijk Afrika (1,2%) en in Centraal-Afrika (-0,89%).

Leiders. De investeringen in vaste activa van Oost-Afrika in de jaren 2010 bestond uit: Ethiopië (24,9%), Tanzania (21,1%), Kenia (15,0%), Zambia (9,3%), Oeganda (7,9%), en andere (21,7%). Het aandeel van de investeringen in vaste activa in BBP van de leiders: Tanzania (36,3%), Ethiopië (35,3%), Zambia (32,1%), Oeganda (25,4%) en Kenia (19,3%). De bruto-investeringen in vaste activa per hoofd in Oost-Afrika onder de leiders: Zambia ($493,5), Tanzania ($343,1), Kenia ($263,1), Ethiopië ($207,0) en Oeganda ($173,7). De groei van de investeringen in vaste activa onder de leiders: Ethiopië (20,8%), Tanzania (12,4%), Zambia (7,7%), Oeganda (5,7%) en Kenia (5,4%).

www.ingramcontent.com/pod-product-compliance
Lightning Source LLC
Chambersburg PA
CBHW08085220526
45467CB00008B/2543